LE COUP D'ÉTAT INVISIBLE

Jean-Claude Barreau

LE COUP D'ÉTAT INVISIBLE

Albin Michel

© Éditions Albin Michel S.A., 1998
22, rue Huyghens, 75014 Paris

ISBN 2-226-10669-3

I

Le mépris du suffrage universel

Le slogan soixante-huitard « élections pièges à cons » m'a longtemps semblé d'une stupidité profonde. D'expérience, je sais les Français attachés aux élections. En 1976 et 1977, j'ai mené deux campagnes électorales comme candidat socialiste et j'en garde le souvenir de réunions dans la chaleur des cafés. Des électeurs me confiaient : « On a déjà fait la Révolution. Si personne ne nous écoute, on pourrait recommencer. »

La mémoire historique est longue dans le peuple. Je me souviens aussi de l'ambiance, presque sacrée, des séances de dépouillement dans les salles d'école.

Je retire de ces campagnes une conviction : les gens sont beaucoup plus sensés que les dirigeants ne l'imaginent, les gens de France surtout ; vieux peuple sceptique, perclus d'Histoire, libertaire, auquel on ne la fait pas, mais plus capable qu'on ne le croit de sacrifices.

Le Pouvoir a besoin d'un sacre : le moins irrationnel, le moins injuste me semble encore le sacre des politiques par le suffrage universel, librement exprimé. D'ailleurs, progressivement, en Europe, en république comme sous les monarchies, le suffrage universel s'est imposé avec la suppression du suffrage censitaire (dans lequel seuls s'exprimaient les citoyens les plus riches) puis l'apparition du vote des femmes.

Or, je le découvre aujourd'hui, le slogan soixante-huitard « élections pièges à cons » est devenu la devise virtuelle de l'Union européenne ! Les idées élitistes des européistes fondateurs, mêlées à celles des financiers libéraux, renforcées depuis 68 par celles des quinquagénaires individualistes, formées sur le pavé de la rue Gay-Lussac, ont presque réussi, vont bientôt réussir, à supprimer le suffrage universel. Ou plus perfidement, à le rendre inoffensif.

On votera toujours, bien sûr, et même de plus en plus souvent. Mais ces élections ne serviront strictement plus à rien, elles joueront le rôle d'un simulacre, cet essai voudrait le démontrer. Le vrai pouvoir, celui des gens bien (Bernanos disait que les gens bien sont évidemment les gens qui ont des biens) n'aura, dans l'Union européenne, plus rien à craindre de ces élections, trop troublées par les tumultes et les émotions populaires. Qui entreprend cette grande œuvre réactionnaire, entamée par la rencontre de libéraux excités et d'individualistes friqués ? Des gaullistes et des socialistes et en premier lieu leurs chefs.

Quel courant les entraîne et vers quelle fatale destinée[1] ?

Jacques Chirac a été élu Président de la République. Cela se passait à une époque reculée, en 1995, sur un programme jacobin qui évoquait, à propos de l'euro, l'hypothèse d'un référendum. C'était une idée en l'air (le référendum, pas l'euro). On aurait dû se méfier. Son attitude à l'occasion de la consultation sur Maastricht en 1992 l'avait montré tel qu'en lui-même : flottant au gré des vents européens. Si Chirac avait à ce moment préconisé le « non », le vote négatif aurait certainement dépassé les 49 % des suffrages. Le camouflet infligé aux dirigeants (à l'exception de Chevènement, Séguin, Pasqua et du PC) et aux médias aurait été comique à observer et l'engrenage des fous de Bruxelles aurait été enrayé.

Il est permis de penser que Jacques Chirac a manqué là sa chance historique, celle qui ne se présente qu'une fois.

Mais enfin, en 1995, nous voulions oublier cet accident de parcours. Emmanuel Todd, démographe à qui la politique n'est pas tout à fait étrangère, démontrait brillamment dans une note de la très distinguée Fondation Saint-Simon qu'entre Balladur et Chirac, les électeurs, ne désirant pas recon-

---

1. Paraphrase d'un mot du général de Gaulle sur le maréchal Pétain au début des *Mémoires de guerre*, Éditions Plon.

9

duire les socialistes, choisiraient avec Chirac le moins bourgeois des deux. La campagne du dirigeant gaulliste, animée par Henri Guaino, futur Commissaire au Plan, parlait de « fracture sociale », de Nation. Et nous évoquions encore, sous le manteau, un certain « appel de Cochin [1] ». Cela se passait le 6 décembre 1978. Chirac voyait alors l'élection au suffrage universel du Parlement européen comme une inféodation et un abaissement de la France. Pour ne pas citer le nom de Giscard d'Estaing qui avait donné son accord à cette procédure, Chirac dénonçait l'action malfaisante du parti de l'étranger. Les citoyens étaient presque invités à prendre les armes pour défendre la Patrie.

Las ! Les années ont passé. Quelques mois après son élection en mai 1995, Jacques Chirac, en octobre, rejoignait finalement les rangs des européistes orthodoxes. Surprise.

Je connais un peu l'homme. Il m'a reçu dans son immense bureau de l'Hôtel de Ville, puis dans le fameux bureau du général de Gaulle à l'Élysée (le même qu'occupait Mitterrand). Un après-midi de week-end il siégeait dans ce cadre historique, en survêtement de sport.

Ce survêtement est à son image : image sympathique, corrézienne, fraternelle, conviviale. Cependant, j'en ai la triste certitude, on pourrait dire de Chirac ce que de Gaulle écrivait à la Libération d'Albert Lebrun, président transparent de la

---

1. Cf. annexe 1, p. 169.

IIIe République moribonde : « C'était un brave homme. Pour qu'il soit un vrai chef d'État, il ne lui a manqué que deux choses : qu'il soit un chef... qu'il y ait un État[1]. »

A gauche, Lionel Jospin était certainement, à l'exception de Jean-Pierre Chevènement, le moins européiste des socialistes.

Je l'ai connu tendu, soupçonneux, réputé rancunier à l'époque où il se voulait, malgré Mitterrand et Fabius, premier secrétaire du PS.

« Qui t'envoie ? me dit-il un jour que je lui avais demandé rendez-vous. Quelle manœuvre derrière ta démarche ? » Il n'y en avait aucune ; simplement l'envie de faire sa connaissance. Depuis ces temps déjà éloignés, sa réussite imprévue lui a donné la sérénité (au contraire du Chirac de 1992, le Jospin de 1995 a su saisir l'occasion quand elle s'est présentée). Il est devenu habile et calme. On se demandera longtemps ce qui serait advenu si Juppé, pour une fois magnanime, l'avait nommé ambassadeur quand Jospin, à bon droit, l'avait sollicité lors de la cohabitation Mitterrand-Balladur. On sentait chez ce socialiste-là beaucoup de République, une vraie tendresse pour la Nation et peu de fanatisme européen. Sa campagne législative de 1997 gardait le même son.

Jospin mettait des conditions fortes à la réalisation de l'euro ; en particulier la mise en place d'une véritable Europe sociale. Il se réservait la possibilité

---

1. *Mémoires de guerre, op. cit.*

11

de renégocier le traité d'Amsterdam. Hélas ! Quelques jours après sa désignation comme Premier ministre, se déroulait le sommet d'Amsterdam. La machine infernale (le traité, l'euro) était, paraît-il, impossible à arrêter. Lionel Jospin, brusquement saisi par le vertige européen, renonçait à tout « pour ne pas ouvrir une crise dans la cohabitation ». Après Chirac et Maastricht, encore une occasion manquée !

Conseiller à l'Élysée du Président Mitterrand en 1985 et 1986, j'avais déjà cru comprendre le motif qui animait en coulisse les européistes. La « Construction européenne », comme on dit, fut en effet la seule politique, forte et têtue, des deux septennats. La raison en est simple :

Mai 1940. La débâcle de l'armée, des corps constitués, l'exode sur les routes. Depuis cette date, François Mitterrand ne croyait plus que la France fût une grande puissance ni même une puissance tout court. Il aimait sa patrie. Cependant, il avait réagi à ce désastre à l'inverse d'un de Gaulle ; d'où leur profonde opposition. Je ne parle pas de collaboration, malgré son passage à Vichy et ses complaisances, plus tard, pour un René Bousquet. Mitterrand était plutôt giraudiste, c'est-à-dire partisan de ce commandant en chef civil et militaire, le général Giraud, mis en place en 1943 à Alger par le Président Roosevelt, avec l'aide de Jean Monnet. Sans le soutien de l'armée américaine qui occupait alors l'Afrique du Nord, Giraud ne pesait pas grand-chose.

Jean Monnet – le père de l'Europe –, les Américains ! Tiens, tiens : la construction européenne, présentée par ses apologistes comme un défi à l'Amérique, ne résulterait-elle pas au contraire de la volonté obstinée de la puissance impériale ? Nous en reparlerons.

Quand j'étais chez Mitterrand à l'Élysée, j'eus l'occasion de discuter de tout cela avec lui. Il m'aimait bien et avait parfois devant moi des accès de brusque franchise.

Mitterrand voyait alors la France comme une vieille dame qu'il fallait entourer de prévenances, à laquelle il convenait de garder les apparences de sa grandeur passée, tout **en** la préparant en douceur à l'idée d'être hospitalisée dans une maison de retraite dorée. Pour Mitterrand, cette maison de retraite, c'était évidemment l'Europe de Maastricht. Démission camouflée en rêve d'avenir par son célèbre slogan : « La France est ma patrie, l'Europe est mon avenir. » Ce slogan, à bien l'écouter, est en réalité terrible. Il révèle que pour lui la France n'avait plus d'avenir.

L'Europe excusant, transfigurant et magnifiant le renoncement national, François Mitterrand, dont on connaît la passion pour Venise, se voyait comme le vieux doge d'une Sérénissime République finissante.

Mais Chirac ? Mais Jospin ? Ils n'appartiennent pas à la génération de la défaite. Alors ? Nous touchons ici au pire.

Le pire, c'est qu'à l'exception de quelques libéraux exaltés à l'idée de supprimer tout ce qui ressemble à un « monopole », l'idéologie européiste est le plus souvent inconsciente chez ceux-là mêmes qui la propagent. Si Monnet et Mitterrand savaient ce qu'ils faisaient, je veux croire Chirac et Jospin de bonne foi. Ils sont eux-mêmes victimes de cette idéologie qu'ils servent et qui les domine : c'est le propre d'une véritable idéologie de fournir des justifications inconscientes, de générer la bonne foi, d'être invisible quand il le faut. On les a persuadés tous les deux qu'un homme convenable ne saurait être candidat à la présidence de la République en se déclarant contre Bruxelles, contre les Pères fondateurs de l'Europe, contre le progrès en somme.

Ni l'un ni l'autre n'ont assez d'étoffe pour surmonter la dictature intellectuelle des gens bien. Il est facile d'être courageux au coude à coude. Il est plus rare d'assumer une pensée originale, d'avoir le courage, comme de Gaulle le fit en juin 1940, de rompre avec tout le monde. Or l'ensemble des quinquagénaires qui nous dirigent (à quelques exceptions près) sont européistes, qu'ils viennent de l'administration, de la banque ou des médias. C'est le nouveau programme commun de l'élite.

Le mépris du peuple

Nous voyons aujourd'hui s'affirmer une collusion historique, une conjonction exceptionnelle, entre gens de bien libéraux et bien-pensants de gauche.

14

Les libéraux ne s'intéressent qu'au libre flux des marchandises et des capitaux, au libre jeu de la concurrence. Des deux doctrines internationalistes du siècle, l'une, le marxisme, s'est écroulée, l'autre, le libéralisme, triomphe ; les deux ayant en commun de croire en l'économie comme fondement ultime des sociétés. L'idéologie libérale, ennoblie d'un zeste d'internationalisme humanitaire, animait les Pères fondateurs de l'Europe. Elle est celle de Giscard d'Estaing dont l'élection en 1974 marque le basculement de toutes les courbes économiques et démographiques françaises. Il parla lui-même, à propos de son élection, d'une ère nouvelle de la politique française ; le propos parut prétentieux mais il n'était pas faux. Ces convictions sont aussi celles de Raymond Barre, son Premier ministre d'alors, qu'il présenta un jour comme le meilleur économiste de France. Elles inspirent aujourd'hui les élucubrations d'Alain Madelin.

Mais cette idéologie libérale resta longtemps minoritaire chez les dirigeants. Pour qu'elle y devienne majoritaire, il fallut les événements de mai 1968. Giscard, trop à droite, n'aurait pu être élu en 1974 s'il n'avait incarné d'une certaine manière les espérances des soixante-huitards (de fait, il réalisa une libéralisation bienvenue des mœurs) et s'il n'avait surtout capitalisé leurs désillusions.

Avant 1968, en effet, les jeunes bourgeois français, qui rêvaient du pouvoir, idéalisaient le peuple. On parlait des prolétaires, on célébrait les lendemains qui chantent et on ne cachait ni sa faucille ni son marteau. Or les prolétaires n'ont pas adhéré aux slogans surréalistes du monôme parisien. Pis, les forteresses ouvrières contrôlées par le Parti communiste, à Billancourt et ailleurs, se fermèrent devant les étudiants.

Une génération plus tard, dégrisés, devenus des notables (Alain Geismar est inspecteur général de l'Éducation nationale, Henri Weber est passé de la Ligue[1] au Sénat), ces révoltés de pacotille ont gardé de leur brève expérience révolutionnaire le mépris du peuple. Le surgissement dans la bande dessinée de l'image du « beauf » traduit de façon significative ce mépris paternaliste. Car, pour ces dirigeants, « le beauf » est évidemment l'ouvrier ou l'employé français, le politiquement correct leur interdisant absolument d'imaginer un « beauf » africain ou maghrébin. L'adjectif franchouillard illustre cette attitude.

De ce mépris du peuple, un titre récent, sur quatre colonnes à la une du journal *Le Monde*[2], donne une assez bonne idée. « Racisme, l'exception française », peut-on lire et, en sous-titre, « Ce racisme distingue la France de ses voisins ». Le journal rend ainsi compte d'un sondage réalisé sur commande de la Commission consultative des Droits de l'homme. Remarquons tout d'abord que cette commission composée de personnalités désignées n'a aucune légitimité. Je comprends mal que le prési-

---

1. La LCR, Ligue communiste révolutionnaire, animée depuis trente ans par Alain Krivine.
2. *Le Monde* du 2 juillet 1998.

dent de l'Assemblée nationale puisse en tolérer l'existence. En régime démocratique, la seule commission des Droits de l'homme devrait être la commission des lois de la Chambre des députés. On reconnaît ici une tendance de la mode visant à transférer à des comités d'experts (les « comités Théodule », disait de Gaulle) ce qui devrait revenir au suffrage universel, tendance significative aussi, nous le verrons, de la construction européenne.

Parmi les signes de racisme, ce sondage relève que 88 % des Français sont opposés aux foulards islamiques qu'admettent fort bien Allemands et Anglais. Cet exemple prouve précisément le contraire de ce qu'on lui fait dire : les Français sont exogames. C'est-à-dire qu'ils veulent pouvoir se mettre en ménage avec n'importe quelle femme d'un groupe différent. Or le foulard signifie « Touchez pas à nos femmes », propos que le Français ne saurait admettre : le Français peut tenir des propos hostiles aux étrangers, voire racistes, mais quand il voit une belle fille, il désire vivre avec elle, qu'elle soit musulmane, noire ou jaune. L'Allemand ou l'Anglais sont endogames. Ils pratiquent une forme déguisée d'apartheid. Peu leur importe la façon dont la femme turque ou pakistanaise est habillée puisqu'ils ne songent nullement à se mettre en ménage avec elle. Ils se permettent ainsi de donner, hypocritement, des leçons de démocratie. Par ailleurs, il est peut-être vrai que la xénophobie s'exprime davantage en France. Mais la France est aussi le seul pays d'Europe dans lequel dix millions de citoyens sont d'origine étrangère proche. C'est dire que l'immigration y fut, au siècle écoulé, cent fois plus importante qu'en Allemagne ou en Italie. Balladur est fils d'Ottomans, Bérégovoy d'Ukrainiens. Les Italiens ou les Allemands d'origine étrangère ne sont pas cent mille (si l'on excepte les *Volksdeutsche* qui sont des Allemands rapatriés).

Moins d'une semaine après le titre litigieux, la nuit de la demi-finale de la Coupe du monde de football, le 8 juillet 1998, la foule black, blanc, beur qui brandissait sur les Champs-Élysées des drapeaux tricolores était, par sa seule existence, un démenti cinglant à la rédaction du *Monde*, un hymne de l'assimilation à la française.

Les autres pays d'Europe, il y a encore vingt ans, ne connaissaient pas de réelle immigration. On est facilement vertueux quand la tentation n'existe pas.

En vérité, le titre choisi par la direction du quotidien traduit éloquemment le profond mépris que les retraités de Mai 68, toujours prompts à donner des leçons de vertu, manifestent envers le peuple. Le sociologue Pierre-André Taguieff commença par écrire un livre contre le racisme[1]. Sa grande honnêteté lui fit ensuite dénoncer le mépris de classe qui dégouline d'un certain antiracisme[2], haine du peuple et haine de la France ; cela lui valut une réputation sulfureuse. Politiquement

---

1. *Le Racisme*, Flammarion, 1989.
2. *Les Fins de l'antiracisme*, Michalon, 1995.

incorrect, Taguieff, au pilori ! Dire du pays le plus métissé – le seul vraiment métissé – du continent qu'il est un pays raciste, davantage que ses voisins, est une mauvaise plaisanterie. Quand des journalistes sont incapables de mettre un sondage en situation, ils prouvent leur légèreté ; qu'ils lui accordent la une, ils révèlent leurs mauvaises intentions ; quand ils s'appuient sur une commission d'oligarques, ils manifestent leur indifférence à la démocratie.

La « divine surprise »

Les modes intellectuelles sont contraignantes. Voltaire et Rousseau ont préparé la Révolution française, ce qu'a bien vu Hugo quand il fait dire à Gavroche : « Je suis tombé par terre, c'est la faute à Voltaire, le nez dans le ruisseau, c'est la faute à Rousseau. »

Raymond Barre et Alain Touraine (on a les intellectuels qu'on peut selon les époques) ont construit l'idéologie à la mode. L'un est un économiste libéral, l'autre, un sociologue en vogue qui siège depuis trente ans dans toutes les commissions d'experts, le premier vient de la droite, l'autre de la gauche. Dominique Strauss-Kahn, socialiste, est probablement plus libéral qu'Alain Juppé, RPR. Le ralliement des dirigeants issus des classes moyennes de gauche aux libéraux de droite est presque complet.

Cette mode, universellement reprise par les médias, Chirac et Jospin n'ont pas la force de la repousser, à supposer qu'ils aient la capacité intellectuelle d'en discerner les contours.

Ainsi s'opère la conjonction de l'oligarchie d'experts favorables au marché qui fut à l'origine de l'idée européenne (Jean Monnet ou Raymond Barre) et des anciens soixante-huitards notabilisés. La force de cette idéologie prégnante résulte de la rencontre de ces deux courants, l'un peu avouable qui recherche le bénéfice maximum des opérateurs financiers et érige l'économie en absolu, l'autre apparemment libertaire, tendance soixante-huitard.

Le courant soixante-huitard, s'il méprise le peuple, a trouvé d'autres messies : immigrés irréguliers, rebaptisés « sans-papiers » par une merveilleuse invention linguistique, ou marginaux de tout poil.

Son credo ? L'exaltation des droits absolus de l'individu. De fait, presque tous les cas individuels sont dignes d'estime. Le culte de la marginalité contribue encore davantage à marginaliser le peuple ordinaire assimilé aux « beaufs ».

Cette célébration perpétuelle de la marginalité cache la réalité : l'individualisme conduit à la loi de la jungle et au triomphe des riches et des puissants. On conserve seulement quelques bons pauvres, dont les sans-papiers maliens sont l'archétype, pour nos nouvelles dames patronnesses. Il y a pourtant, en 1998, trente fois plus de chômeurs en France qu'en 1968 ! La conjonction des libéraux de droite et des bien-pensants de gauche est vraiment pour les premiers une « divine surprise [1] ».

Jusqu'à Maastricht en effet, les riches voulaient gagner le plus d'argent possible avec le moins de contraintes possible. C'est compréhensible. Jamais cependant encore, ils n'avaient réussi à justifier leur avidité par la confiture d'une idéologie digérable par le plus grand nombre.

L'européisme le leur permet enfin. Les dirigeants staliniens camouflaient leur volonté de puissance derrière les lendemains qui chantent, l'Europe fournit aux nôtres cette arme intellectuelle qui manquait à la droite financière : « divine surprise ». L'un de ces robins [2] non élus de Bruxelles, le Commissaire européen à l'euro, Yves-Thibault de Silguy, a le front d'y voir une révolution progressiste [3].

Maastricht, Amsterdam sont les congrès de Vienne de notre temps. Avec la différence qu'en 1815 le camouflage ne fut pas possible. Les congrès de Vienne furent alors vécus par les peuples comme une régression, « la Restauration », non comme un

---

1. Cri arraché à Maurras par l'arrivée au pouvoir du maréchal Pétain !

2. Le mot robin désignait sous l'Ancien Régime la noblesse de robe.

3. *Le Syndrome du diplodocus. Un nouveau souffle pour l'Europe*, Albin Michel, 1996.

21

progrès. Aujourd'hui le peuple est abusé mais comme en 1815, la peur du peuple, la peur des peuples anime les tenants de l'ordre européen. Mais cette fois ils ont réussi à obtenir ce à quoi les monarchies elles-mêmes avaient dû renoncer : la mise à l'écart du suffrage universel. Ce n'est pas un mince exploit !

La fin d'un cycle du suffrage universel

C'est la fin d'un parcours historique très long ouvert par la Grande Charte d'Angleterre. Adoptée en 1215, la Grande Charte soumettait le recouvrement des impôts au vote des représentants des hommes libres. Ce n'était qu'un début, les hommes libres, dans le système féodal, étant rares. Mais les mots qui sont alors lancés dans le débat public, « Jugement légal », « Bien commun », « Liberté », et surtout « Consentement aux impôts » allaient cheminer de siècle en siècle jusqu'aux révolutions américaine et française du XVIIIᵉ siècle. Jusqu'à la célèbre Déclaration des Droits de 1789.

« La loi est l'expression de la volonté générale. Tous les citoyens ont le droit de concourir personnellement ou par leurs représentants à sa formation », lit-on dans l'article 6. Et dans l'article 14 : « Chaque citoyen a le droit de constater par lui-même ou par ses représentants la nécessité de la contribution publique, de la consentir librement, d'en suivre l'emploi, d'en déterminer la quotité, l'assiette, le recouvrement et la durée. »

Vote des lois, consentement aux impôts : Maastricht et Amsterdam ont supprimé ces deux libertés fondamentales.

Pour être exercées, elles supposent en effet des représentants identifiés, un exécutif repérable, une justice contrôlée. La construction européenne a supprimé tout cela. Quel progrès !

En France, les représentants identifiés sont les députés de l'Assemblée nationale, élus au suffrage universel ; ils votaient les lois et le budget. Il convient d'en parler au passé.

Dès aujourd'hui, la plus grande partie des règles qui régissent les citoyens français sont en effet issues de Bruxelles. Paul Thibaud, ancien directeur de la revue *Esprit*, a raison de parler de « la tyrannie des petites décisions sans justification claire » que sont les directives de la Commission. Jadis, c'était hier, mais cela semble déjà très loin, dans un autre monde où la République se faisait respecter, le Conseil d'État, tribunal administratif suprême, assurait avec opiniâtreté la primauté de la loi nationale. Seuls les traités internationaux signés par la France lui étaient supérieurs. Encore pouvaient-ils être contredits par une loi nationale postérieure, la moindre des choses si l'on veut rester en démocratie. Or la haute assemblée administrative a changé de doctrine par l'arrêt Nicolo du 20 octobre 1989[1].

_____

1. Cf. Annexe 2, p. 175.

En décidant par une jurisprudence nouvelle que les traités internationaux s'imposeront, même aux lois nationales postérieures, en assimilant de surcroît les « directives européennes » sous le nom de « droit dérivé » à ces traités, le fatal comportement du Conseil d'État a enterré de fait la démocratie. Les représentants du peuple votent désormais de moins en moins les lois : des fonctionnaires non élus s'occupent de l'essentiel. Que le bon peuple repose en paix. On l'avertira en temps utile.

L'austère assemblée créée par Bonaparte, alors Premier Consul, pour défendre l'État, aliène aujourd'hui la souveraineté de ce même État et, plus grave, dispose sans leur demander leur avis, du vote des citoyens.

Une chambre de robins, non élus, supprime par une simple jurisprudence les effets de l'élection des députés au suffrage universel, au profit d'autres notables, membres d'une lointaine nomenklatura bruxelloise. Le peuple n'a plus prise sur les lois qui le régissent. Il n'exerce plus aucun contrôle, contrairement à l'article 14 de la Déclaration des Droits de l'homme, pas plus sur le budget que sur le reste.

Avec le pacte de stabilité et le traité d'Amsterdam, le consentement à l'impôt (sa « quotité », son « assiette ») deviendra une simple formalité, tout étant décidé par les autorités monétaires européennes, elles aussi évidemment, soustraites au principe de l'élection. Ainsi, les deux principales prérogatives des Parlements nationaux – voter les lois, voter les impôts (articles 6 et 14 de la Déclaration de 1789) –

leur ont été retirées par la construction européenne, laquelle se révèle en définitive parfaitement antidémocratique.

En France, l'exécutif repérable était le Président de la République. Là aussi il convient de parler au passé.

Les citoyens français tiennent pourtant beaucoup à l'élection présidentielle au suffrage universel. Or elle ne servira, dès la prochaine, qu'à désigner un Président potiche, comparable à la reine d'Angleterre. Remarquons que sur ce plan, les monarchies constitutionnelles sont bien davantage adaptées à l'Europe que notre Cinquième République. Les monarques n'ont aucun pouvoir et surtout, confort suprême, il n'est pas nécessaire de les élire.

Parce qu'il suscite inévitablement des émotions[1] populaires, le sacre du Président par le peuple est haï par les notables, même s'ils n'osent l'avouer. Seul Pierre Joxe eut ce courage, se dévoilant ainsi plus robin que républicain[2].

Tout étant décidé au niveau européen, l'exécutif repérable devant lequel, jusque-là, les citoyens pouvaient se plaindre n'aura bientôt plus qu'un pouvoir subsidiaire, c'est-à-dire nul. Les manifestations syndicales ont l'habitude d'aller à Paris crier « Chirac, des sous » ou « Jospin, ça suffit la rigueur ». Iront-elles crier à Bruxelles « Silguy, du pognon » ? Se

---

1. On appelait émotions, sous l'Ancien Régime, toutes les manifestations ou révoltes populaires.
2. *A propos de la France*, Flammarion, 1998.

précipiteront-elles à Francfort pour conspuer les « gnomes » anonymes de la Banque européenne ?

En France, la justice contrôlée était l'autorité judiciaire nationale qui rendait ses arrêts « Au nom du peuple français ».

On a changé tout cela. Les juges sont obligés de tenir grand compte de la Convention européenne des Droits de l'homme et du droit européen, qui n'ont été votés par personne. S'ils ne le font pas, ils risquent fort de voir leurs jugements cassés sans appel par les fonctionnaires (on n'ose les appeler magistrats) de la Cour européenne de Luxembourg (ou de celle de Strasbourg). Qui connaît leur existence ? Qui peut dire à quoi servent ces apparatchiks déguisés en juges ?

Les juges français seront-ils bientôt obligés de juger « au nom du peuple européen » ? Au secours, le père Ubu est de retour.

Dans le nouvel ordre européen, les élections au suffrage universel dans un cadre national sont donc bien devenues des « pièges à cons » puisque les citoyens élisent des députés qui ne font plus la loi.

Il est ainsi réjouissant de lire la directive (loi) européenne 90/429/CE. De quoi s'agit-il ? De réglementer une très importante question, celle des « importations de sperme de cochon[1] ». Eh oui, voilà à quoi nos eurolâtres consacrent leur temps !

---

1. Cf. Annexe 3, p. 191.

Jusqu'où les législateurs fous de Bruxelles ne vont-ils pas descendre ?

Les Parlements nationaux voteront donc désormais un budget pour la forme.

Les gouvernements ne gouverneront plus vraiment. Quant à la justice, elle devra vite s'adapter aux oukases de Bruxelles.

Le drame c'est qu'à cause d'une propagande insistante, universelle et habile, les citoyens n'ont pas réellement conscience de ce putsch masqué. On leur annoncerait demain que les élections sont supprimées, ils descendraient dans la rue. Mais le coup d'État européen passe encore inaperçu du peuple. Du peuple, pas des dirigeants. La droite française patriote, il en existe une, s'est résignée à l'Europe au nom du libéralisme, la gauche sociale, elle existe aussi, s'est résignée au libéralisme au nom de l'Europe. Le pouvoir réel en France et dans le système européen passe de plus en plus aux mains d'une oligarchie financière et administrative, mal identifiée, et soustraite, comme le sire Yves-Thibault de Silguy, à toute sanction du suffrage universel. Surgit sous nos yeux une nouvelle noblesse de robe qui n'a même plus l'avantage d'être nationale, c'est-à-dire influençable par la Nation. Les réticences anglaises se comprennent mieux. Depuis la Grande Charte, les Anglais veulent absolument (et leurs dirigeants aussi qui résistent depuis des années à l'engrenage européen) rester souverains. « Consentir aux impôts et au vote des dépenses » ne leur semble pas un principe archaïque. De fait, l'Angleterre n'entrera pas pour le moment dans l'euro. Tant qu'elle sera elle-même, elle n'y entrera jamais[1]. Cela n'empêche nullement l'Angleterre, restée pugnace, de coloniser les institutions du système. En y déléguant des fonctionnaires combatifs (qui n'ont pas renié leur patrie, eux), en luttant pour le libre-échange atlantique avec les États-Unis, l'Angleterre conserve la politique britannique traditionnelle et joue sur les deux tableaux. Elle impose sa langue aussi. Avant l'entrée de l'Angleterre dans l'Union, les documents à Bruxelles étaient rédigés à 75 % en français. Aujourd'hui, ils le sont à 75 % en anglais. Les fonctionnaires anglais de l'Euroland se font une obligation de parler leur langue. Les nôtres se font une gloire de ne parler et de n'écrire qu'en anglais, fidèles à la passion masochiste de l'élite française.

Les dirigeants, les gens bien, ont enfin réussi à éliminer le peuple des questions importantes. Ils ont tous l'idée fixe, particulièrement forte chez les Français qui se plaignent sans cesse du conservatisme de leurs concitoyens (faut-il encore utiliser le terme de concitoyens tellement les experts se sentent d'une espèce supérieure ?), de contraindre le peuple de l'extérieur. Alain Juppé y pensait, Dominique

---

1. On aura un aperçu de l'opinion dirigeante anglaise dans le livre de Bernard Connolly *La Sale Guerre de la monnaie européenne*, Albin Michel, 1996. Fonctionnaire anglais de la Commission de Bruxelles qui avait eu le malheur d'exprimer ses réserves sur le projet monétaire, il fut finalement révoqué !

Strauss-Kahn le fait. L'Europe est ainsi devenue le grand alibi, le suprême espoir d'une caste qui ne réussit plus à gouverner la Nation, mais déploie en revanche une énergie sans faille pour construire une Europe imaginaire.

La dissimulation, une seconde nature

Les journalistes, les politiques nous parlent sans cesse de la démocratie au moment même où ils viennent d'y renoncer.

Régis Debray oppose démocrates et républicains. L'ancien conseiller de Mitterrand avait pressenti la combine mais sans l'identifier complètement. En effet, comment imaginer qu'Édith Cresson que j'ai connue assez républicaine et même légèrement chauvine (on se souvient de ses remarques dénuées de tact sur les homosexuels anglais et les fourmis japonaises) puisse, devenue Commissaire à Bruxelles, couvrir ce renoncement de son autorité ?

Il y a mensonge sur le but poursuivi. Celui-ci est simple : détruire l'État-Nation pour promouvoir le marché financier, nouveau *fatum* des bien-pensants. Depuis le traité de Maastricht du 7 février 1992, l'esprit européen légitime du traité de Rome de 1957, lequel avait pour but la coopération de grands États protégés par une frontière extérieure commune, est devenu l'européisme que je définirais comme une idéologie contre les peuples. Le drapeau européen qu'on inflige à nos monuments publics et qu'on arbore à la télévision derrière le Président de la République est un symbole. Maintenant, les plaques minéralogiques des automobiles en sont affublées. Avec sa couleur bleu enfant de Marie et ses étoiles en rond, il est laid mais lourd de bons sentiments et de fausses comparaisons : les étoiles évoquent celles du drapeau américain, alors qu'il est ridicule d'assimiler France et Angleterre, vieilles et glorieuses nations, au Rhode Island et au Massachusetts.

Tout cela n'est possible que grâce à un stratagème bien connu, l'exploitation des bons sentiments. Or, ceux-ci sont particulièrement vivaces, n'en déplaise au *Monde*, dans le peuple français qui se souvient de la Déclaration des Droits et de 1789.

L'internationalisme d'abord. Il est radicalisé dans la culture-potes en ringardisation de la Nation comme idée mauvaise en elle-même et dangereuse, c'est ce qu'a démontré Pierre-André Taguieff[1]. Le dépassement du national dans une perspective européiste s'est constitué en évidence absolue. Celui qui conteste ce postulat est un mauvais Européen, un Français douteux.

Dans les années trente, alors qu'Hitler se faisait de plus en plus menaçant, l'internationalisme bêta avait déjà beaucoup contribué au renoncement des démocraties. On le vit en 1938 à Munich. La situation n'est certes pas comparable par sa gravité ; il n'y a pas d'Hitler dans l'Europe des Quinze. Mais

---

1. *La République menacée*, Textuel, 1996.

elle est comparable dans ses effets : le renoncement des États démocratiques. Les journalistes, les intellectuels, les politiques, les financiers répètent à l'envi, comme s'il s'agissait d'une évidence aveuglante : « Les frontières sont dépassées. » Le dépassement des frontières est la tarte à la crème de la culture-potes. Combien d'associations respectables ont cédé à la mode et se veulent sans frontières ! Aucun slogan n'illustre mieux la démission de la pensée. Fernand Braudel, le grand historien de la Méditerranée, m'a appris qu'un regard exercé distingue encore les frontières du passé, bien des siècles après qu'on les a supprimées.

Par exemple, la séparation de l'Empire romain en deux parties, l'occidentale et l'orientale, s'est faite au IVᵉ siècle de notre ère. Elle passait au milieu de la défunte Yougoslavie.

A l'ouest de la frontière, Slovènes et Croates, catholiques et latins ; à l'est, Serbes et Macédoniens, orthodoxes (ou musulmans) et byzantins. Seize siècles plus tard, une plaie purulente s'est rouverte, très exactement au même endroit. Un peu de culture eût permis la vigilance. Les frontières sont des réalités que le mondialisme s'épuise à nier. Comme les portes de nos maisons, elles peuvent être ouvertes ou fermées. Il faut les souhaiter ouvertes ; ce n'est pas en les niant qu'on y arrivera. Au-delà des nobles sentiments, on trouve la pseudo-stratégie. Pseudo ? Oui, car comment désigner autrement un poncif comme celui de la taille nécessaire ?

Guy Konopnicki, pour bien montrer que la

France est devenue un pays de seconde zone, écrit avec mépris : « Ce pays qui se croit grand et se traverse en douze heures de voiture, en respectant la limitation de vitesse [1]. »

La quantité d'espace comme critère de la grandeur, argument européiste par excellence, prouve seulement l'inculture profonde de celui qui s'en sert. Faut-il rappeler à cet auteur que le territoire de l'Athènes antique se traversait encore plus vite à pied et en courant ? Mais Athènes est certainement une petite chose pour Konopnicki.

Le modernisme enfin joue son rôle dans la comédie de boulevard européenne.

La Nation ? Idée ringarde ! Elle se rattache au passé. Le slogan mitterrandien « La France est ma patrie » doit se traduire par « La France est mon passé », alors que l'Europe est l'avenir. La nouveauté est évidemment parfois souhaitable, elle ne l'est pas nécessairement. Nazisme et stalinisme se prétendaient modernes et l'étaient par beaucoup d'aspects. Il y a dans cette journalière, incessante, enveloppante incantation sur l'Europe une grande part de propagande répétitive.

« L'Europe, l'Europe, l'Europe », se moquait de Gaulle en se secouant sur sa chaise lors d'une émission télévisée de la campagne présidentielle de 1965.

Les européistes prétendent aussi que la construction européenne marquera la fin des conflits sécu-

---

1. *Chante, petit coq, chante*, Grasset, 1992.

laires. Je pense exactement le contraire. Contentons-nous de constater pour l'instant que l'existence de l'Union n'a en rien différé les affrontements sanglants de Bosnie.

Il n'y a pas que l'exploitation des bons sentiments : les propagandistes s'efforcent aussi de rendre les citoyens réticents coupables.

Toute opinion contraire est dénoncée comme obscène. Jacques Delors considère les eurosceptiques comme des débiles, indignes de participer désormais au combat politique. Il l'a écrit, il ne fut pas le seul. On consultera le recueil de citations parfois délirantes constitué par Jean-Pierre Chevènement[1].

Les propagandistes ont détourné, pour stigmatiser les eurosceptiques, le mot frilosité. Les citoyens attachés à la souveraineté nationale ne peuvent être que frileux. Dans leur masochisme antifrançais, ces communicants parlent à tout moment de la France frileuse. Ils ne songeraient pas à dire que l'Angleterre est frileuse parce qu'elle ne veut pas entrer dans l'euro. Non, l'Angleterre, libérale et pro-américaine, ne peut être que moderne.

Mais quand on choisit un mot, on commet inévitablement un lapsus parfois révélateur. L'abus du mot frilosité révèle donc une réalité psychologique : les européistes ont l'obscure conscience que leur Europe est tout à fait glaciale ! La Nation, la Patrie sont des idées chaudes et réchauffantes, l'Europe

---

1. *Le Bêtisier de Maastricht*, Arléa, 1997.

de Maastricht ou d'Amsterdam ne peut en revanche que glacer ceux qui n'ont pas de capitaux à jouer en Bourse. La technique des propagandistes européistes consiste à compenser les tristes réalités par des souhaits.

En fait, l'Union européenne, à cause de sa politique financière déflationniste, nous y reviendrons, est déjà un espace de chômage écrasant et d'inégalités sociales grandissantes, d'effondrement démographique aussi. L'argent improductif de la rente et de la spéculation y rapporte beaucoup plus que l'argent du travail ou de l'entreprise. C'est l'enfer des jeunes gens qui ne trouvent ni emplois ni emprunts et le paradis des papys qui vont se promener à Louqsor. Depuis la crise des années trente, jamais le chômage n'a été aussi massif en Europe.

A cette réalité sinistre, à cette perte réelle de pouvoir politique – les élections étant vidées de leur sens – et de revenus – les salaires des ouvriers et employés ne cessant de s'éloigner des profits mirifiques des dirigeants branchés –, les propagandistes opposent un discours vide : celui de l'Europe sociale.

Le traité d'Amsterdam, le pacte de stabilité sont des faits contraignants qui vont nous obliger à modifier notre politique économique, ou plutôt à renoncer à en avoir une. L'Europe sociale n'est qu'un songe sans aucun engagement concret, sans aucun calendrier, sans aucune vision.

Lionel Jospin avait plaidé pour une véritable politique sociale, condition, à ses yeux, de la construction de l'Europe. Que s'est-il passé ? Rien...

Jacques Chirac avait parlé de fracture sociale à réduire. Conséquences ? Aucune.

Leurs campagnes électorales mystificatrices à peine terminées, ils ont lâché la proie nationale pour l'ombre évanescente d'un projet monétaire fumeux qui masque surtout leurs renoncements.

II

Les fantômes de l'Histoire

La course folle de ces dernières années vers une Europe toute-puissante fait l'impasse sur un détail : le poids de l'Histoire. Il y a une alliance redoutable des bien-pensants de gauche et des libéraux de droite mais elle ne suffit cependant pas à expliquer la force de l'idéologie européiste, non seulement en France mais presque partout en Europe. Il faut se plonger dans le passé pour essayer d'y trouver d'autres éléments, car, comme le pensait l'historien Fernand Braudel : « Il n'y a pas d'Histoire inactuelle. »

L'Allemagne ? Elle est sortie brisée de la Seconde Guerre mondiale et dut passer par « l'année zéro » pour ressusciter et devenir la respectable RFA. Même la réunification, plus rapide que prévu, ne l'a pas guérie. Car les Allemands adhérèrent au régime nazi dans leur immense majorité. Les conjurés qui, le 20 juillet 1944, déposèrent une bombe sous le bureau de Hitler, en Prusse orientale, étaient isolés. Ce que les soldats russes qui franchissaient l'Oder, les soldats américains, anglais et français qui passaient le Rhin pouvaient observer, c'était l'héroïsme tragique des adolescents des « Hitlerjugend » leur tirant dessus au milieu des ruines. Il fallut tuer la bête en sa tanière. On incrimine le patriotisme, mais le patriotisme s'illustra plutôt dans l'Angleterre de Churchill, acharnée à défendre sa liberté, et la nôtre. Le nazisme fut bien autre chose : une religion de la nuit, des projecteurs de la mort, une idéologie affreuse mais séductrice dont les « cathédrales de lumière » fascinèrent maints jeunes Européens comme Robert Brasillach (l'expression est de lui).

Or cette idéologie mortifère n'est pas assumable avec ses Nuit et Brouillard et sa Shoah.

Dans le passé français, il y a, certes, des ombres et des tragédies. Il n'existe pas de trou noir comparable au nazisme allemand. Napoléon, notre conquérant, repose sous le Dôme des Invalides. Nos morts sont honorés à l'Arc de Triomphe.

Le malaise de l'âme allemande contemporaine vient du fait qu'il lui est impossible d'assumer le nazisme, impossible surtout d'honorer le courage de ses soldats. L'héroïsme spartiate des troupes hitlériennes ne peut qu'être refoulé, oublié, tellement l'horreur perverse de la cause défendue en rend impossible la célébration. Les soldats allemands sont morts deux fois : à la guerre et dans la mémoire de leurs fils !

L'Allemagne « européenne » du IIIe Reich à la RFA

Pourtant l'Allemagne existe encore, réunifiée, forte, centre de l'Europe. Toujours patriote, bien que totalement dégrisée du nazisme. L'idéologie européiste fut pour elle aussi une « divine surprise ». De toute façon, l'Allemagne était obligée de renoncer à l'impérialisme militaire et à la bombe nucléaire. Elle sentit que le projet européen lui permettait d'avancer masquée. D'ailleurs le vocabulaire européiste est parfaitement décalquable du vocabulaire européen de l'époque nazie, celui de la *Propagandastaffel* dont, enfant, j'entendais les rengaines sous l'Occupation. Les mêmes slogans, les mêmes mots, « Europe nouvelle », « communauté économique ». Relisons ces lignes d'un dignitaire du IIIe Reich écrites à Berlin en 1942. Il s'agit d'un nommé Heinrich Hunke prêchant pour la *Grosswirtschaftraum,* qu'on pourrait traduire par Communauté économique européenne [1] : « L'Europe est bien davantage qu'une expression géographique. Sa fondation sera le reflet de sa puissance politique et la prise de conscience de son existence politique. Les frontières de l'Europe coïncident avec les frontières d'un mode de vie, d'une civilisation. Le Führer a insisté sur le fait qu'il n'existe pas de définition de l'Europe par la géographie, mais seulement par la culture... L'objectif

---

1. Cité par l'*International Currency Review* du 4 septembre 1993.

de l'Europe nouvelle doit être l'instauration d'une communauté économique européenne. » Comment nier l'évidence, cette proximité des mots et du projet ?

Dès 1940, le Dr Benning – dénazifié, il devint membre du directoire de la Bundesbank et le resta jusqu'à sa retraite en 1972 – prévoyait que le mark deviendrait la monnaie de base de la communauté économique européenne, « l'une des deux monnaies de réserve avec le dollar ». Or, l'Europe de Maastricht et d'Amsterdam est bien une Europe allemande. Par la puissance de la Banque centrale qu'elle domine et par son poids encore renforcé après la réunification. Les Allemands ont renoncé à la conquête, à laquelle ils ne peuvent plus prétendre depuis la chute d'Hitler. Ils ont renoncé au nazisme et à une certaine forme d'indépendance extérieure, acceptant le protectorat du grand vainqueur américain. Mais ils ont compris que l'union européenne leur apportait une domination respectable quoique limitée. S'ils gardent quelque nostalgie pour le mark, ils ont compris que, selon l'expression d'Emmanuel Todd, l'euro sera en fait un mark CFA (par allusion au franc CFA en vigueur dans l'Afrique francophone). Plus encore, l'Europe leur apporte un bien incomparable : l'escamotage de leur douloureux passé.

Cet escamotage n'est pas étranger non plus à l'européisme des Espagnols et des Italiens.

On oublie trop que ces deux pays ont été fascistes. Certes, je ne confonds pas les régimes italien ou espagnol avec le nazisme, comme on le fait trop souvent aujourd'hui où le terme « fasciste » sert aux intellectuels français à dénoncer tout et son contraire. Mussolini et Franco étaient seulement des dictateurs traditionnels, à la différence d'Hitler.

Contrairement au Führer, ils n'avaient pas réussi à mettre totalement la main sur l'âme de leurs sujets. En face d'eux, subsistaient de puissantes Églises catholiques et des monarchies, complices au début puis de moins en moins consentantes. Cependant, ils furent populaires. S'il eût choisi la cause alliée, Mussolini serait mort dans son lit. Franco est mort dans le sien. Mieux ; c'est le dauphin désigné par lui qui est l'actuel chef de l'État espagnol. Le roi Juan Carlos, même s'il a pris des distances courageuses un soir d'émeute avec les militaires putschistes, n'en a pas moins été formé par Franco.

En Espagne, il était urgent de faire oublier cette origine douteuse, l'européisme y a pourvu. Les Espagnols n'étant guère habitués au suffrage universel, « la Movidad » européenne les a comblés.

En Italie, l'État est malheureusement identifié au fascisme, ce qui le discrédite. Il n'y a pas d'État digne de ce nom dans la péninsule, d'où le messianisme européen des Italiens : l'Europe y pourvoira.

Quant au Royaume-Uni, la dernière grande nation, nous avons constaté qu'il se gardait d'entrer dans le cœur du système européen. Ses dirigeants refusent l'euro avec obstination depuis l'origine. Et ce ne sont pas les bonnes paroles de Tony Blair qui vont y changer quelque chose. Il est vrai que ce pays qui, en 1215, a commencé à inventer la démocratie moderne, tient encore à ses coutumes et à la liberté des débats qui se déroulent à la Chambre des communes. Quel archaïsme !

L'Autriche ? Elle est morte en 1918 quand son empire s'est écroulé. Le rattachement à l'Allemagne, l'Anschluss de 1938, a soulagé son désarroi et correspondu à ses vœux. L'Europe lui permet de faire oublier cette période sombre tout en réalisant à nouveau ce rapprochement sans que cela se remarque. Les Pays-Bas furent une puissance mondiale jusqu'à ce que, après la Seconde Guerre mondiale, les États-Unis les chassent d'Indonésie. Ils gardent de cet épisode un goût amer et depuis, ont absolument renoncé à la souveraineté et se montrent particulièrement agressifs envers une France dont ils croient qu'elle y prétend encore. Le Portugal aussi n'est que l'ombre de son Histoire. Nous ne parlerons pas du grand-duché du Luxembourg, ainsi nommé par antiphrase et dérision, ni de la Grèce écrasée par les siècles ottomans.

Les pays de l'Est, dont la fière Pologne, ne songent qu'à oublier dans le sein de l'Europe l'affreuse servitude des Soviets, et, mise à part la Bohême (République tchèque), ils n'ont guère de traditions démocratiques. On peut cependant être une petite nation et se vouloir encore un pays maître chez lui. Cela explique, vis-à-vis de l'Europe, les réticences des Danois et des Suédois (la Suède se souvenant aussi d'avoir été grande sous Charles X).

Quant aux Norvégiens et aux Suisses, deux pays

anciennement démocratiques, ils ont préféré leurs libertés à l'Europe et ne s'en portent pas plus mal. Les Suisses ont ainsi refusé par référendum d'entrer dans l'Union européenne. On s'y est pris à deux fois pour forcer les Danois à intégrer la machine bruxelloise.

Reste la France.

La France ou le traumatisme de 1940

C'est le seul des Alliés de 1945 (parmi les grands) à croire sincèrement dans l'idée européenne. Le fait qu'elle compta, à la fin de la Seconde Guerre mondiale, parmi les puissances victorieuses, n'est pas tout à fait un mythe gaulliste.

Or ce vainqueur est entouré de vaincus, ex-fascistes ou nazis, qui lui en veulent secrètement de son statut. Pour les Américains, et donc pour Jean Monnet, l'Europe, l'Angleterre exceptée, était un continent de vaincus où il importait de rétablir la paix anglo-saxonne. La menace soviétique y poussait aussi.

En 1958, après le Marché commun, les gaullistes eurent l'illusion, pas tout à fait fausse alors, qu'à cause de ce passé commun, la construction européenne serait une utopie française. De Gaulle le crut et s'y employa. Comment ? En imposant ce que les eurocrates désignent sous le nom de « compromis de Luxembourg ». Hostile au système de vote à la majorité que ses voisins voulaient lui imposer, la

France refusa, en 1967, de siéger à Bruxelles pendant plusieurs mois. Les autres pays finirent par céder. Il fut entendu que, pour les questions graves, l'unanimité était requise. La souveraineté nationale préservée, le Général amena aussi à terme la politique agricole commune, vrai processus de coopération dont les agriculteurs français ont profité pendant plus de trente ans. Avec la réunification allemande, cette illusion d'une Europe guidée par la France se dissipa. Mais à cette époque le gaullisme était déjà mort dans la classe gouvernante. Les Compagnons de la Libération, les survivants des épopées de la France libre, partaient à la retraite. Les vainqueurs de la Résistance s'en allaient. On allait pouvoir briser la fierté (« l'arrogance », disent les Hollandais) des Français en leur mettant le nez dans la défaite de 1940.

Vichy ne serait jamais arrivé au pouvoir par le jeu d'élections libres. Dès le début, ce fut une création de l'occupant, même si beaucoup de Français s'y laissèrent tromper. Ils furent chaque année moins nombreux. Dès 1942, le peuple avait basculé. Mais pour Hitler, quoi de mieux que de dominer la France par l'intermédiaire de ses fonctionnaires et d'un maréchal sénile, gloire de la guerre précédente ?

Ce désastre (cette « étrange défaite », dont parlait l'historien Marc Bloch) pèse encore sur notre pays. Il faut ici récuser une légende dont le poids marque encore injustement l'inconscient national, légende créée par des chefs incapables afin de se disculper.

Les Français de 40 ne furent pas des lâches, ils se sont bien battus : plus de cent vingt mille morts en trois semaines, ce n'est pas rien. Nous avions un excellent corps de bataille que l'armée allemande craignait et la meilleure marine qu'ait eue le pays depuis Louis XVI et la guerre d'Amérique. Mais notre commandement était débile. Le corps de bataille tomba dans le piège allemand de Belgique et la Marine se saborda deux ans plus tard. Nous avons été vaincus par l'intelligence des généraux allemands opposée à la profonde bêtise des nôtres. Pour ne rien dire des amiraux.

En 1806, devant Napoléon – « le dieu de la guerre en personne » selon le stratège prussien Clausewitz –, la Prusse s'écroula en trois semaines également. En 1940, les dieux de la guerre étaient allemands. De Gaulle parvint à sauver l'honneur, la République et la démocratie, à retourner l'armée en 1943 et à faire siéger la France à la table des vainqueurs. Ce n'était pas si mal.

Or les dirigeants de 40 croyaient commander la première puissance militaire du monde. Et ce n'était pas faux.

Les citoyens croyaient appartenir à la Grande Nation de 1789. Ils le croient d'ailleurs toujours un peu.

Mais les chefs, à l'exception d'un général de brigade à titre temporaire et de quelques déviants, juifs, francs-maçons ou officiers de tradition, se sont couchés. Cet effondrement des corps constitués n'a de précédent historique que pendant la guerre de Cent Ans. Ce fut un désarroi affreux.

Il détermine encore aujourd'hui l'inconscient de nos gouvernants et explique leur européisme compulsif. C'était le secret de François Mitterrand. Nos élites en gardent la conviction que la France n'est plus rien. Il y a une névrose française, le complexe de la grande nation déchue. Les hommes politiques s'emploient à convaincre les citoyens de cette idée absurde. A cause de cela, ils ne songent plus (quelques exceptions mises à part) qu'à être les gestionnaires d'un pays (ce terme de « pays » est toujours préféré à celui de « nation », pour ne pas parler de celui de « patrie », considéré comme carrément lepéniste) délivré de l'insupportable fardeau de l'Histoire.

Ces ambitieux en quête de places veulent le pouvoir. Mais attention, sans la grandeur et sans le drame. Ils visent à prendre congé d'une épopée « emplie de bruit et de fureur » : d'où la tentation de s'effacer derrière l'Allemagne.

« La France ne peut rester passive et indifférente devant l'immensité des sacrifices que l'Allemagne consent pour édifier une Europe dans laquelle nous devons prendre notre part. » Mitterrand ? Non : Laval. Cette phrase, étonnamment actuelle, a été prononcée par le dauphin de Pétain dans une allocution radiodiffusée du 22 juin 1942 !

Cette névrose masochiste donne sa cohérence ultime à l'européisme français. Elle explique son acharnement, inconnu ailleurs en Europe. A quel

46

autre peuple du continent répète-t-on, depuis Giscard d'Estaing, chaque jour, sur tous les tons, par tous les canaux des médias et des hiérarchies, qu'il doit renoncer d'urgence à sa singularité, à son exception ? Imagine-t-on un individu auquel on ordonnerait chaque jour de cesser d'être lui-même ?

Singularité française dénoncée comme archaïque, quand ce n'est pas raciste. De ce point de vue, le livre de Bernard-Henri Lévy, *L'Idéologie française*[1], est un chef-d'œuvre. Les dirigeants danois, hollandais, irlandais, s'ils pressent leurs concitoyens d'accepter le système européen et de se soumettre à l'imperium américain, ne leur disent pas, bien au contraire, qu'être danois, hollandais, irlandais est une sorte de faute inexpiable. Les dirigeants français, eux, tiennent beaucoup à cette idée, aidés dans cette tâche par des beaux esprits comme le sociologue Alain Touraine ou Bernard-Henri Lévy (qu'on ne présente plus). Vouloir rester français est un péché ! On discerne ici une trace profonde de christiano-dolorisme. L'inspirateur du culte ? Jacques Delors bien sûr, à la fois ex-président de la Commission européenne, catholique et ami passionné des centristes.

Ajoutons à cette navrante caravane qui tient de la cour des miracles, les ambitions d'énarques qui trouvent maintenant le pays trop petit pour leurs grandes compétences et méditent de fructueuses carrières, dégrevées d'impôts, dans les nomenklatu-

---

1. Grasset, 1981.

ras de Bruxelles, de Strasbourg, de Luxembourg et, *last but not least,* de Francfort, et l'affaire est dans le sac.

L'antinationisme, selon l'expression de Pierre-André Taguieff, des dirigeants français est donc la face cachée de leur européisme.

Une idéologie obscure. Un traumatisme toujours vivace, nourri des complexes de la défaite. Le libéralisme financier d'une grande bourgeoisie de droite conjugué à l'individualisme libertaire et bien-pensant de la petite bourgeoisie socialiste. Le souvenir de la faillite de Vichy et les compromissions des Papon de la Collaboration. La haine enfin pour la Nation et ce qu'elle représente d'irréductible. Mélangez et vous obtiendrez une pensée, une pensée unique bien sûr, profondément étrangère à ce qu'a symbolisé de subversif, d'atypique, de fier, le gaullisme de l'épopée des hommes libres.

Les compagnons du Cac 40 ont remplacé les Compagnons de la Libération !

Le peuple seul inquiète ces gens. Ce peuple français de beaufs méprisés, auquel il faut sans cesse opposer les sans-papiers maliens, et chez lequel on doit toujours dénoncer les tentations racistes. Quelle plus belle occasion que Maastricht et Amsterdam pour se débarrasser enfin du peuple ! Et de la France avec. Comme dirait Jarry : « Quand il n'y aura plus de Pologne, il n'y aura plus de Polonais ! » Si le père Ubu demandait la citoyenneté européenne, nul doute qu'il l'obtiendrait.

Le parti de l'ordre ou celui du mouvement sont

morts depuis longtemps. Le parti des SICAV se porte bien, en revanche. Aujourd'hui, on voudrait nous faire croire que la construction européenne, étant mouvement, est de gauche. Fiction.

En réalité, les clivages ne passent plus à l'intérieur des partis traditionnels de gauche ou de droite. Il y a des européistes à gauche, la majeure partie du PS, et à droite, l'UDF et le RPR chiraquisé ; des anti-européistes à droite, quelques vieux gaullistes, à gauche, le Mouvement des citoyens, quelques vieux communistes : j'allais dire les écologistes mais ils admirent Daniel Cohn-Bendit, image subliminale de l'européisme bien-pensant.

Le combat est maintenant celui de la liberté, celui du suffrage universel, entre ceux qui croient encore à la souveraineté du peuple et ceux qui y ont renoncé. Indiscutablement, de ce point de vue, la construction européenne est de droite et même de droite despotique ; elle est bien un mouvement mais semblable à celui qu'admirait le Guépard [1], grand seigneur sicilien, dans le Risorgimento italien : tout changer, afin que tout redevienne comme avant – avant 1789 bien sûr !

---

1. Giuseppe Tomasi di Lampedusa, *Le Guépard*, Seuil.

III

Les gnomes du système

Le 1ᵉʳ janvier 1999, la Banque centrale européenne, la BCE, est devenue réellement opération-
nelle. Dernière institution en date du cirque Euroland, c'est aussi la plus représentative de ce dont
rêvent les européistes. On peut savoir ce qui nous
attend à partir de ce qu'elle fut pendant les six mois
de sa mise en route de juin 1998 à janvier 1999.

La référence proclamée de la BCE est celle des
banques anglo-saxonnes, Banque d'Angleterre et
Réserve fédérale américaine (Fed). Or c'est une
référence mensongère.

Par exemple, le conseil exécutif de la Fed comprend des personnalités politiques et des hommes
d'affaires, pas celui de la BCE. La Fed est régulièrement auditionnée par le Congrès américain, la BCE
ne relève d'aucun parlement. En définitive, le Président des États-Unis réussit toujours à imposer à la
Fed les décisions du gouvernement. Il en va de
même du gouvernement anglais vis-à-vis de la Banque d'Angleterre ; c'est l'exécutif qui, dans les deux
cas, fixe ses objectifs aux grands pontes de la mon-

naie. Les banques centrales anglo-saxonnes ne sont pas obsédées par la stabilité des prix et s'accommodent volontiers d'une légère inflation. En résumé, l'indépendance d'une banque centrale, dans un cadre national, en face d'un exécutif élu, est toute théorique. Le Parlement la contrôle, le gouvernement lui impose ses choix.

La Banque centrale européenne échappe à ce cadre ringard : les dix-sept personnalités de son conseil sont des financiers. On aurait du mal à distinguer le Français Jean-Claude Trichet, l'Italien Antonio Fazio, l'Espagnol Luis Angel Rojo, la Finlandaise Sirrka Hamalaïenem sur leurs convictions. J'eus l'occasion, au cours d'un dîner, d'écouter le credo de Jean-Claude Trichet. Cet énarque spirituel se caractérise par un attachement têtu à la force de la monnaie. Mais surtout, il est fasciné par la puissance allemande.

Heureuse coïncidence, le nouveau président de la BCE, le Hollandais Wim Duisenberg, est un autre admirateur inconditionnel du président de la Bundesbank, Hans Tietmeyer. Il a d'ailleurs indiqué qu'il continuerait à lui téléphoner souvent pour recueillir ses précieux avis. C'est beau, l'amitié. Duisenberg devrait théoriquement, selon les vœux des gouvernants politiques, démissionner à mi-mandat pour laisser place à Trichet. Ce serait bonnet blanc et blanc bonnet. De surcroît, tout le monde, à Bruxelles, pense qu'il n'en fera rien. La capacité des dirigeants politiques européens à désigner les autorités de la BCE semble déjà obsolète. Ces autorités monétaires se cooptent de manière arbitraire et sans aucun contrôle. Elles ont choisi au poste clé de chef économiste de l'institut d'émission, et pour huit ans, Otmar Issing. Cet homme occupait la même fonction au sein de la Bundesbank. Le responsable de la communication et des relations publiques de la BCE ? Encore un Allemand, Manfred Körber, dont c'était justement le rôle à la Bundesbank. Un Français a tout de même été toléré au sein de ce cénacle. Christian Noyer, il est vrai, n'est pas un révolté. C'est un homme de la direction du Trésor, le saint des saints de Bercy, qui fut directeur de cabinet du ministre des Finances Jean Arthuis. La vérité est simple : la Banque européenne est un clone de la Bundesbank. Le secret des délibérations de la BCE sera total.

Alors que la règle, en démocratie, est la publicité des débats en quelque domaine que ce soit, les parlementaires français ont, en avril 1998, réclamé cette publicité. En vain.

Aux États-Unis, pourtant, les minutes des réunions de la Fed sont rendues publiques ; il en est ainsi au Royaume-Uni et au Japon. Le traité de Maastricht le permettrait.

Mais pour les fonctionnaires financiers de la BCE, la transparence n'est pas supportable. Dignes héritiers des lutins insaisissables qu'on disait cachés au centre de la terre dans les légendes d'autrefois, les « gnomes » de Bruxelles marchent sur les traces de ceux de Zurich, réputés un temps pour leurs spéculations condamnables. Cette transparence permettrait en effet, comme le dit leur chef Wim Duisenberg, que, par une porte dérobée, les politiques retrouvent quelque influence sur la Banque centrale, ce que Duisenberg juge intolérable. Manfred Körber le communicateur sera là pour veiller au grain et donner une vision rassurante des choses.

On est ainsi assuré que la BCE fonctionnera comme un service secret. Pas question non plus pour ce fonctionnaire despotique d'aller se présenter un jour devant les Parlements nationaux, seuls légitimes. Wim Duisenberg ne songe pas à s'abaisser à cette humiliante procédure. Pourquoi le ferait-il d'ailleurs, puisque les différents gouvernements se gardent de toute exigence sur ce plan ?

D'ailleurs, Duisenberg ne se soucie nullement des politiques économiques nationales. Un seul objectif vaut à ses yeux : assurer la stabilité des prix. La définition qu'il donne de cette stabilité est celle que lui a soufflée Tietmeyer : un rythme de hausse des prix entre 0 et 2 %, autrement dit la déflation. Rappelons que la Fed américaine a pour principal et raisonnable objectif, la croissance, fût-ce au prix d'une certaine inflation.

Tout cela est dépassé pour les gnomes de la BCE et de la Bundesbank. Duisenberg, Tietmeyer tiendront peut-être quelque compte des désirs du gouvernement allemand ; les autres n'auront qu'à se coucher !

L'attentat contre la démocratie est complet, assumé, provocant. Des fonctionnaires financiers non élus vont, dans le secret, au mépris des Parlements et des gouvernements légitimes, diriger l'économie européenne. Qui les a faits rois ?

Leur outrecuidance dit assez ce que sera l'Union européenne. Il ne s'agit plus, comme daignent le reconnaître pudiquement les européistes, d'un déficit démocratique, admirable litote ! Il s'agit d'un gouffre.

La dictature des financiers a remplacé la démocratie. Que M. Madelin s'en réjouisse est dans l'ordre des choses ; que les socialistes français applaudissent à ce coup d'État laisse rêveur ! Duisenberg, Fazio, Rojo, Hamalaïenem, Tietmeyer, Issing, Körber, Noyer et Trichet sont les nouveaux maîtres de l'Europe. Aucun n'est légitime. Aucun n'a été élu. Ils dédaignent la démocratie et la politique. Leur despotisme ne sera pas éclairé. Leur doctrine on la connaît. D'ailleurs, il faudrait plutôt parler ici d'idéologie car ils refusent de voir les réalités qui les gênent, symptôme révélateur. Les tables de la loi des européistes ? L'euro fort, bien sûr : sacrifice total des autres contingences au profit exclusif de la stabilité monétaire. En l'occurrence, il s'agit d'une monnaie abstraite, unique. Ils auraient pu se contenter d'une monnaie commune et laisser aux gens leurs billets habituels. Il y a de l'affectif dans le franc. Bientôt, il faudra aller au Gabon pour en trouver (le franc CFA va subsister quelque temps). Dans l'obligation maniaque de l'euro, on peut reconnaître sadisme et acharnement thérapeutique.

De plus, l'euro ne correspond pas à une zone économique homogène (ce que les experts appellent « une zone monétaire optimale »), c'est une monnaie artificielle.

Qu'importe ! elle plaît pour l'instant aux rentiers. En Europe, en Allemagne surtout, ils sont plus nombreux, plus puissants que les jeunes gens productifs et prometteurs.

Mais l'avenir importe peu à Trichet et Duisenberg et autres « gnomes » savants de la BCE. La politique est pour eux obscène. Enfermés dans leur bunker climatisé de Francfort, ils ne veulent penser qu'à la prospérité des marchés financiers et se soucient peu de la décadence industrielle de l'Europe.

La démographie, la justice sociale ? Vieilles lunes ! L'Histoire, les affectivités nationales, les nécessaires investissements improductifs (on n'aurait pas reconstruit la France et l'Allemagne ruinées de 1945 avec leurs principes). Des idées usées, d'un autre temps, qui n'intéressent guère ces brillants cerveaux. Quant au chômage, ils constatent, pour s'en réjouir, qu'il a longtemps fait monter la Bourse. Certes, depuis, il y a eu de violentes secousses, des crises asiatiques, russes, latino-américaines. Mais sans la perspective de l'euro, disent-ils, cela eût été pire. Ces gens-là ont réponse à tout.

La Commission des gnomes

La Commission de Bruxelles est la plus connue et la moins anonyme des institutions de l'Union. Elle se compose de vingt Commissaires, dont deux français, désignés par les gouvernements, ayant chacun son domaine de compétence. Durant le temps qu'ils sont en poste, ces fonctionnaires internationaux sont quasi intouchables. Ils ont une autre particularité. Ils ne s'adressent jamais aux Européens directement. On ne sait pas ce qu'ils font.

Le traité de Maastricht a réparti les domaines de compétence en trois secteurs appelés « piliers ». Le premier pilier correspond aux affaires économiques ; le second, évanescent, à la diplomatie et à la défense ; le troisième pilier concerne la justice et les politiques d'immigration et de police ; il correspond au traité d'Amsterdam.

La Commission est compétente pour faire des propositions en tous ces domaines. Dans certains, la concurrence par exemple, elle s'est octroyé la possibilité de prendre des décisions proprement politiques. Ces Commissaires non élus ont sous leurs ordres des milliers de fonctionnaires internationaux surpayés et largement dégrevés d'impôts. Ils gagnent tous entre 20 000 et 90 000 francs par mois. La Commission dispose d'un budget considérable (510 milliards de francs). En 1999, la France contribuera pour 95 milliards. Deux fois ce qu'elle consacre à son ministère de l'Intérieur. Et ce budget n'est guère contrôlé. Le journaliste Jean Quatremer a récemment révélé l'existence de « contrats de complaisance » accordés par Édith Cresson à des proches. Il a fustigé des « détournements de fonds » et des « violations des règles budgétaires[1] ». Mais, plus grave au fond que ces dérives, il y a un fait : la Commission est une espèce de gouvernement technocratique qui prend des décisions politiques. Il y a même un président (c'est son titre), il s'appelle Jacques Santer. Cet homme prudent adopte un profil bas mais son prédécesseur, Jacques Delors, dirigeait l'institution avec l'arrogance d'un véritable chef, qu'il n'est pas d'ailleurs.

On sait en effet que M. Delors, s'il aime gouverner, se méfie du suffrage universel ; il l'a montré en 1995 en refusant de se présenter à l'élection présidentielle.

La Commission est aussi un pouvoir législatif, dont l'arrêt Nicolo, du Conseil d'État français, considère les directives comme des lois, supérieures aux lois nationales, votées pourtant par des Parlements élus. Cette institution est donc un véritable monstre juridique.

Contrairement à *L'Esprit des lois* de Montesquieu et à la séparation des pouvoirs, elle mélange allègrement le pouvoir exécutif et le pouvoir législatif. Cela ferait hurler au niveau national, mais ne choque personne quand il s'agit de l'Europe.

De plus, au mépris de ses propres textes, les travaux de la Commission s'effectuent le plus souvent en anglais basique. On peut voir ainsi des circulaires rédigées en anglais par des fonctionnaires français

---

1. *Libération*, 28 septembre 1998.

de Bruxelles, arriver, sans susciter de protestations, dans les administrations françaises !

Les bâtiments de la technocratie bruxelloise deviennent ainsi peu à peu le centre des véritables pouvoirs exécutif et législatif de l'Europe ; les gouvernements et parlements nationaux faisant, chaque jour davantage, de la figuration. Un signe ne trompe pas : les groupes d'intérêts financiers, industriels, corporatifs, associatifs, les fameux lobbies, délaissent les capitales nationales pour exercer leurs talents à Bruxelles. Le sabir en anglo-américain est évidemment leur langue favorite.

Les invisibles de la Cour

La Cour de Luxembourg est beaucoup moins connue. La plupart des citoyens en ignorent même l'existence, ce qui est dommage.

Quinze juges, un par État, désignés pour six ans, anciens magistrats ou universitaires, totalement indépendants pendant leur mandat, forment la Cour elle-même. Cette Cour suprême de l'Europe juge les États. Oui, les États. Quinze autres juges, désignés selon les mêmes modalités, constituent un tribunal européen de première instance. Ils traitent des conflits entre les directives et les institutions locales, autres que les États. Ces magistrats donnent toujours tort aux nations. Toujours, ils élargissent sans contrôle le champ des directives européennes ;

il leur arrive même de désavouer la Commission de Bruxelles.

Ainsi, le tribunal de grande instance de la Cour a jugé, le 25 juin 1998, « incompatible avec le marché commun [sic] » la recapitalisation de la compagnie nationale Air France, autrement dit les subventions accordées par Paris et qui avaient pourtant été autorisées en juillet 1994 par Bruxelles. Les Commissaires européens aux transports, Abel Matutes et Marceliou Orega, avaient, eux, accepté cette aide qui n'était pas alors jugée contraire aux saintes règles de la concurrence.

Voilà la réalité concrète de l'Euroland.

La compagnie Air France mise en péril, la République française ridiculisée, la Commission de Bruxelles désavouée par un certain Bo Vesterdof, obscur président de cette première instance.

Qui l'a élu celui-là ? C'est le gouvernement des juges dans toute son horreur ! A l'origine pourtant, la Cour avait une influence limitée.

Mais le système européen l'emporte. N'oublions pas Montesquieu : s'il n'y a pas de contre-pouvoir, chaque pouvoir tend à occuper tout l'espace disponible. Les décisions de la Cour s'imposent aujourd'hui aussi bien aux gouvernements nationaux qu'aux juges de chaque pays. En France, ceux-ci se prononçaient dans la stricte limite du droit national. Maintenant la jurisprudence illégitime de Luxembourg s'impose à eux. Pire, elle s'impose même aux Constitutions des pays européens. L'article 54 de notre Constitution prévoit que les traités internationaux doivent lui être conformes. Notre Conseil constitutionnel a jugé ainsi les traités de Maastricht ou d'Amsterdam « contraires à la Constitution ». Dans chaque cas il a fallu, il faut, réviser la Constitution.

Pour la Cour européenne, notre article 54 est inacceptable. Elle met les traités européens au-dessus des Constitutions démocratiques. Elle aimerait supprimer tout principe de souveraineté nationale. Pourtant, la Constitution de 1958 est l'émanation directe du peuple français puisqu'elle fut votée par référendum. Qu'importe aux juges abusifs de Luxembourg !

Certains comparent la Cour européenne à notre Conseil constitutionnel. Il y a une grande différence : les décisions de notre Conseil ne sont pas sans appel. J'évoquerai ici un incident qui le démontre. En août 1993, celui-ci annula certaines dispositions des lois Pasqua sur l'immigration. Après avoir consulté mon ministre, j'écrivis une tribune libre[1] sous le titre « Le droit de veto est de retour », dans laquelle je m'étonnais qu'un conseil de dignitaires désignés puisse avoir le pas sur une Assemblée élue. Le lendemain, *Le Monde* annonçait : « Le doyen Vedel répond à Jean-Claude Barreau. » Grand honneur pour moi, Georges Vedel étant une éminente autorité juridique. Le doyen écrivait que si les décisions du Conseil ne nous plaisaient pas, nous pouvions en appeler au référendum ou au Congrès. En effet, si le Conseil a la prééminence sur le pouvoir

---

1. *Le Monde*, 16 août 1993.

LE COUP D'ÉTAT INVISIBLE

législatif (les deux Assemblées séparées), il reste soumis au pouvoir constituant. Et Vedel achevait son article par un « chiche ! » que M. Pasqua prit au mot. Réuni en congrès à Versailles le 19 novembre, le Parlement surmonta le veto du Conseil.

Rien de semblable ne pourrait être tenté contre la Cour de justice de Luxembourg ! Lorsqu'elle dérape, et cela lui arrive très souvent, personne ne peut s'opposer à elle.

Sommes-nous encore en démocratie ? L'article 3 de la Déclaration des Droits de 1789, repris par la Constitution de 1958, rappelle qu'en démocratie, la souveraineté réside dans le peuple qui l'exprime directement, ou par ses représentants. Le souverain était alors constitué par les citoyens. J'écris « était », car ces temps sont révolus.

Nous ne sommes même plus en monarchie.

Louis XVI, que les révolutionnaires avaient surnommé « Monsieur Veto », restait au moins un souverain légitime selon les critères de l'époque. C'est d'ailleurs pour surmonter les oppositions à ses réformes qu'il réunit en 1789 les États généraux. Le résultat fut évidemment décevant de son point de vue.

Depuis peu, nous sommes entrés en oligarchie. La souveraineté ultime réside désormais dans une Cour de justice obscure, siégeant dans la petite capitale d'un État fantôme (le Luxembourg), qui décide sans recours de ce qui est bon ou mauvais pour nous.

Nous avons un nouveau souverain au visage inconnu, M. Gil Carlos Rodrigues Iglesias, président de la Cour européenne. Qui connaît son nom ?

Et pourtant, c'est lui qui désormais aura le dernier mot. Les volontés des électeurs des différentes nations ? Des Parlements représentatifs ? Des gouvernements légitimes ? Fantaisies qui sont censurées par des oligarques. Le despotisme est revenu. On ne le sait pas encore.

Le Parlement des ombres

Les eurolâtres aiment la démocratie. Mais en paroles seulement hélas. Que faites-vous disent-ils à mi-voix du Parlement européen ?

Élu tous les cinq ans, il siège en effet à Bruxelles et à Strasbourg.

Les eurodéputés sont attirés par Bruxelles, ville plus centrale et mieux desservie, mais le gouvernement français a réussi pour l'instant, cela ne durera pas longtemps, à imposer Strasbourg. Le résultat ? Deux amphithéâtres luxueux avec personnels et bureaux correspondants ont été construits dans les deux villes rivales et des trains spéciaux acheminent, selon le lieu des sessions, des milliers d'archives d'une ville à l'autre. Parfois des cartons se perdent. On les cherche. Cela occupe du monde. Pendant ce temps, les contribuables paient. Ce système ubuesque multiplie naturellement les dépenses par deux, sans compter le secrétariat général du Parlement qui reste, lui, installé à Luxembourg. Les eurodéputés passent ainsi leur vie en train ou en avion.

Qu'importe ! Les compétences du Parlement sont

fort réduites. Il laisse la Commission légiférer à sa place.

Aurait-il davantage de légitimité que les Commissaires ?

Pour qu'un Parlement soit légitime, il est nécessaire qu'il représente un peuple ; c'est un principe de base de la démocratie représentative. Or, s'il existe un peuple français, un peuple anglais, un peuple allemand ou un peuple danois, il n'existe pas encore de peuple européen identifié. Le Parlement de Strasbourg ne représente donc rien. Il a beau être élu au suffrage universel, depuis 1979, tout le monde sait, à commencer par ses membres, qu'il s'agit d'un Parlement d'opérette, d'une sinécure pour les battus du vrai suffrage universel. Ce Parlement fait d'ailleurs double emploi avec le Conseil de l'Europe (à ne pas confondre avec le Conseil européen). Le Conseil de l'Europe, composé de personnalités désignées par les États, siège lui aussi à Strasbourg depuis 1949. Cet organisme a été en 1950 l'auteur d'une Convention européenne des Droits de l'homme. Il a créé lui aussi, mais à Strasbourg, une autre Cour de justice. Conseil de l'Europe et Cour de Strasbourg, quoique créés avant le traité de Rome de 1957, se rattachent aujourd'hui au système européen. Tous les citoyens des pays d'Europe peuvent en appeler contre les autorités judiciaires nationales à la Cour de Strasbourg. Ainsi par exemple, en France, la Cour de cassation pourrait déposer ses hermines au vestiaire, elle n'est plus l'instance suprême. Pour l'instant, cette Cour de Strasbourg est une pompe à fric pour les avocats, lesquels peuvent faire rebondir inlassablement de juteuses procédures. Mais, ce qui est plus grave, elle délégitimise tout de même les justices nationales. Elle prétend aussi réécrire l'Histoire.

La Cour des Droits de l'homme de Strasbourg a condamné, le 23 septembre 1998, la France à verser 100 000 francs aux héritiers de Jacques Isorni (mort en 1995). Le défenseur de Pétain à la Libération avait saisi les juges de Strasbourg après que la cour d'appel de Paris eut jugé, le 26 janvier 1998, qu'une publicité parue dans *Le Monde* du 13 juillet 1984, défendant la mémoire du Maréchal, était une « apologie des crimes et délits de collaboration ». La Cour de Strasbourg a considéré que la cour d'appel de Paris avait violé la liberté d'expression de M. Isorni. « Il ne convient pas, dit son arrêt, quarante ans après, d'appliquer la même sévérité à l'évocation des événements, qu'auparavant. » Et le texte précise : « Cela participe des efforts que tout pays est appelé à fournir pour débattre sereinement de son Histoire. » Arrêt scandaleux. Si ce n'est pas une justification juridique du révisionnisme, qu'est-ce que c'est ? On pourrait transposer : « Il ne convient pas, quarante ans après, de juger la Shoah avec la même sévérité qu'après la guerre ! » Cela illustre à quel point l'Europe est une machine à effacer l'Histoire.

65

Le Conseil des impuissants

L'ultime institution du système est le Conseil. Composée de représentants des gouvernements nationaux, c'est la seule institution politique qui peut prétendre à une certaine légitimité. Mais comptant déjà quinze membres, le Conseil est ingouvernable. On n'y a pas prévu de cénacle restreint réservé aux grandes nations, jouant le rôle, par exemple, du Conseil de sécurité de l'ONU.

Dans ce genre de convoi, l'élément le plus rapide marche au pas du plus lent. Ce qui signifie que les décisions politiques respectent les intérêts du grand-duché du Luxembourg, qui sont évidemment locaux (à l'exception de ses intérêts financiers de paradis fiscal).

Quand le Conseil comptera vingt membres ou plus encore, que se passera-t-il ?

Chaque jour davantage, cette instance politique, réunissant des ministres ou des chefs de gouvernement, qui avait son utilité dans l'Europe des Six du traité de Rome, ressemble à ces fameuses assemblées de la noblesse polonaise, les diètes, dont l'incapacité reconnue à prendre quelque décision que ce soit mena l'État polonais à sa perte, au XVIIIᵉ siècle.

N'évoquons que pour mémoire le Conseil de l'euro, réunion des ministres des Finances des pays de l'Euroland (dont le Royaume-Uni, la Suède, etc. ne font pas partie). Ce Conseil n'ayant pas été prévu par les traités n'a aucune réalité institutionnelle. Qui décide en fait de tout ? L'oligarchie administrative ou financière du système européen. Les gnomes de la Banque, de la Commission ou les juges invisibles du Luxembourg.

La sainte concurrence

L'Euroland s'est, au fil des ans, découvert un culte. S'imposent à la vénération de tous les lois sacrées de la concurrence. Ainsi la Commission a interdit (je dis bien « interdit » du verbe interdire) l'accord conclu entre l'aéronautique française et le constructeur britannique De Havilland. Ceci est censé profiter au consommateur européen. Certes, il en profite dans un premier temps, mais ensuite, avec l'écroulement de pans entiers de l'industrie que des accords intelligents eussent sauvés, il se retrouve au chômage.

La Commission a aussi interdit au Crédit Lyonnais d'ouvrir des succursales dans certains pays. La banque ne peut se développer au-delà d'un taux annuel limité (toujours le malthusianisme des critères de Maastricht). La célèbre institution, certes fort mal gérée, est ainsi condamnée à la récession perpétuelle et à licencier ses employés. Le contribuable français, déjà volé une fois au niveau national, se trouve volé une seconde fois par Bruxelles, son argent servant en définitive au développement de banques concurrentes.

On comprend mal comment les principes libéraux censés inspirer la construction européenne
peuvent justifier un tel dirigisme administratif ! le
gouvernement français s'est incliné devant ce diktat.
Dominique Strauss-Kahn s'en est félicité. Le parti
communiste s'est tu.

En janvier 1998, Karel Van Miert, Commissaire
européen à la concurrence, a lancé l'anathème
contre le prix unique du livre que pratiquent certains pays de l'Union.

L'idée de ce brave Commissaire était certainement de permettre une véritable concurrence entre
commerçants du livre.

Mais dans son ignorance de la spécificité de ce
produit, Karel Van Miert n'a pas compris que les
véritables commerçants de l'édition ne sont pas les
libraires, mais les éditeurs. En effet, les libraires,
ayant la faculté de retourner leurs invendus, sont
davantage des dépositaires. Leur demander de fixer
le prix des livres ne serait nullement les avantager ;
ce serait les tuer. Imagine-t-on la liberté des prix
chez les marchands de journaux ? Seuls pourraient
baisser leurs prix les kiosques ne se préoccupant pas
de rentabilité, les journaux devenant des produits
d'appel destinés à attirer le chaland dans le but de
lui vendre autre chose. De même, les libraires ne
pourraient baisser les prix sans danger, à l'exception
évidemment des grandes surfaces. On le constate
aux États-Unis où cette pratique du rabais fit disparaître les librairies. Quid des nouveautés dont le
tirage n'est pas assez important pour la grande dis-

tribution ? Sans le prix unique du livre (qui signifie en réalité que la concurrence légitime doit se dérouler entre les éditeurs et pas entre les détaillants), les nouveaux auteurs ne seraient plus édités, comme le souligne Jérôme Lindon, directeur des Éditions de Minuit. Finalement, les consommateurs, que prétend servir Karel Van Miert, dans son incompétence, seraient lésés, sans que le public sache jamais de quels talents M. Van Miert l'a privé. Comme le dit J. Lindon : « Qui remarque l'absence d'un inconnu ? »

Il se trouve qu'étant rapporteur de la commission du livre en 1981 (aucun rapport avec la Commission de Bruxelles, il s'agissait d'une commission dite « Pingaud-Barreau » chargée de donner au ministre français de la Culture un avis technique), j'ai participé à l'élaboration de la loi Lang sur le prix du livre qui a sauvé jusqu'à ce jour les librairies françaises et donc le renouvellement des titres.

Aux États-Unis, la disparition des librairies est en partie compensée par l'existence d'un vaste réseau universitaire où les auteurs encore inconnus peuvent trouver à s'éditer. Il y a deux cultures : celle des best-sellers pour le peuple des *general stores* ; celle de l'élite sur les campus. Cette ségrégation est évidemment l'idéal de notre Commissaire européen à la concurrence.

« On pourrait prévoir un système de subventions[1] », concède, souverain, Karel Van Miert, qui

---

1. *Le Monde*, 1ᵉʳ juillet 1998.

n'en est pas à une contradiction (ici antilibérale) près !

Le système peut même imposer des sanctions aux États récalcitrants, sanctions financières ou politiques (suspension du droit de vote d'un État au Conseil). Les sanctions financières – infligées aux contribuables citoyens censés, selon la Déclaration des Droits de l'homme, voter les impôts – par des oligarques non élus, contredisent les fondements mêmes de la démocratie représentative, définis dès le XIIIe siècle par la Grande Charte d'Angleterre.

Bien sûr, subsiste le compromis de Luxembourg imposé jadis par le général de Gaulle, lequel permettait à la France de refuser certaines directives quand elle estimait ses intérêts vitaux menacés. Après Amsterdam, il n'en restera rien.

D'ailleurs, aucun gouvernement français issu de l'alliance RPR-UDF ou de la gauche plurielle ne voudra prendre le risque de casser l'Europe. Qu'ils soient en train d'assumer devant l'Histoire celui d'avoir « cassé la France » leur importe peu !

IV

Fédéralisme ou soviétisme ?

Qu'ils croient ou non à l'union de Maastricht, tous y reconnaissent un système fédéral, c'est-à-dire, comme en Amérique, le choix d'une fédération d'États jusque-là indépendants.

Les européistes francs s'avouent d'ailleurs fédéralistes. Les hypocrites préfèrent éviter l'expression de crainte de choquer les susceptibilités nationales.

Tous sont dans l'erreur : le système européen n'a rien de la fédération. Ses promoteurs (Monnet, Schuman, De Gasperi) l'auraient voulu tel. Ils avaient oublié un fait historique.

Les États fédéraux, existant à travers le monde, sont avant tout des États nationaux. En réalité, les fédérations, pour réussir et même pour se construire, ont besoin de la présence de peuples conscients de former une nation. Une nation, c'est-à-dire un passé commun, un vouloir-vivre ensemble, un projet d'avenir.

Les États-Unis avaient tous les traits d'une nation bien avant le vote de leur Constitution fédérale : même origine anglaise, même espace à conquérir (la frontière), même langue ; combat commun contre la mère Angleterre.

En Amérique latine, avant les indépendances du siècle dernier, existaient déjà des nations bien typées, mexicaine, métissage hispano-aztèque, brésilienne, métissage lusitano-africain.

Le Mexique, le Brésil, avant d'être des États fédéraux, sont des peuples à la très forte identité.

En Europe, il en est de même pour la République fédérale allemande. Qui pourrait, depuis les célèbres écrits de Fichte (*Discours à la nation allemande*) de 1807, nier l'existence en Allemagne d'un sentiment national ? Il en va de même pour la Suisse, laquelle participe pourtant de cultures différentes – allemande, française, italienne – mais dont les citoyens ont vraiment conscience de constituer une nation.

Ainsi, dans tous les cas, le fédéralisme est seulement une manière d'organiser une nation, que l'espace y soit difficile à dominer (États-Unis, Brésil, Mexique), ou que ce soit le temps (la Suisse).

Il n'y a pas de nation européenne

Il n'y a pas de nation européenne, pas plus qu'il n'y a un seul peuple européen. Voilà la réalité.

L'exemple américain est sans enseignement pour nous de ce point de vue. Les États-Unis sont une nation d'immigrants anglais ou anglicisés par une culture originelle, celle des Wasp, les White Anglo-

Saxon Protestants. Leur fédéralisme ne répond pas à des disparités nationales mais à la seule nécessité de maîtriser un espace immense.

L'Europe, au contraire, est faite de plusieurs peuples, de plusieurs grandes civilisations, chacune universelle : l'allemande de Goethe et de Freud, l'italienne de Dante et de Malaparte, l'espagnole de Cervantès et de Unamuno, l'anglaise de Shakespeare et de Graham Greene, la russe de Tolstoï et de Soljenitsyne, la française de Voltaire et de Malraux, sans même parler des civilisations portugaise, hollandaise, scandinave, et des influences plus ou moins fortes des Antiquités grecque et latine.

Toutes ces civilisations sont, certes, ouvertes les unes sur les autres. Mais les univers mentaux sont très différents entre l'Allemagne de Luther, l'Espagne de sainte Thérèse d'Avila et la France de Victor Hugo. Ainsi, il n'y a pas un peuple européen, mais des peuples en Europe. Dans le modèle américain, qui obsédait tant Jean Monnet, il s'agissait d'unir des individus immigrés dans le moule d'une forte tradition nationale.

Au contraire, le rêve européiste, s'il se réalisait un jour, ne pourrait le faire qu'au terme d'un irréparable naufrage et sur les décombres des cultures historiques qui ont fondé l'Europe des citoyens. Avec pour seule langue commune un américain basique qui est déjà la langue officielle du système. Cela serait une catastrophe. Pas seulement pour l'Europe mais aussi pour l'humanité. On prête à Jean Monnet cette boutade : « Si c'était à refaire, je commencerais par la culture », pour s'extasier sur l'humanisme du Père fondateur. En réalité, je crois que Monnet avait compris que les différentes traditions européennes étaient un obstacle à la construction européenne, bien davantage que les réalités économiques. Que les cendres de Jean Monnet reposent en paix : sous les coups des gnomes de Bruxelles, les cultures européennes sont en pleine régression.

La Constitution de l'ex-URSS, préfiguration du système européen ?

Les institutions européennes font penser à un autre système aujourd'hui disparu.

C'est Joseph Pini, jeune agrégé de droit à la faculté d'Aix-en-Provence, qui osa, en mai 1998, lors d'une conférence à la Sorbonne organisée par la Fondation Marc-Bloch à laquelle j'assistais, avancer cette comparaison. Et je me disais : « Oui, oui, bien sûr, il a raison. » Le système européen n'a qu'un précédent : la Constitution de l'ex-Union soviétique.

Les deux grandes idéologies du siècle, marxiste et libérale, ont en commun de croire que la réalité économique est au centre de tout, qu'elle est au fond la seule vraie réalité. L'Europe s'est laissé intoxiquer par cette vision simpliste. Les bureaux de Bruxelles ne s'occupent que de cours à fixer, de « compensations » financières, « d'équilibre » des marchés (avec le succès que l'on a vu récemment).

Le communisme avait ses apparatchiks. Nous nourrissons à grands frais des légions d'eurocrates (ils sont 20 000 pour l'instant, mais leur nombre va augmenter encore). Leurs credo respectifs conduisent à la dissolution inévitable de l'État-Nation. Initiées aux secrets de l'Histoire, ces deux écoles de pensée sont également convaincues qu'elles savent où elles nous mènent ; à la Terre promise. Pour les communistes, cette Terre promise avait nom « société sans classes ». Pour les européistes, elle s'appelle « l'Europe sans frontières ».

La Constitution de l'Union soviétique, rédigée en 1936, semblait avoir disparu comme un songe depuis la chute du mur de Berlin et la fin de l'URSS. Mais comment ne pas reconnaître son fantôme dans les récents avatars du système européen ? D'ailleurs, plus que d'organiser la réalité sociale qui se trouve ailleurs (pour les communistes, dans la lutte des classes, pour les européistes, dans les flux financiers), les deux systèmes ont comme principale fonction d'exprimer une idéologie. Évidemment, la pensée unique ne construit pas de goulags et n'inspire pas de purges ni de meurtres ; seulement du chômage et de l'inégalité. C'est pourtant une idéologie forte, comme le fut jadis le communisme, et comme telle, répercutée par toutes les *Pravda* médiatiques.

Les ressemblances sont d'ailleurs frappantes entre les deux Constitutions, celle, disparue, de l'URSS, et celle, en construction, des Européens.

Bonnes intentions et triste réalité

De bonnes intentions proclamées coïncident avec un refus absolu de la démocratie. C'est la première analogie. La Constitution soviétique avait aboli la peine de mort et exalté en principe le suffrage universel.

Derrière ces utopies se cachaient des assassinats, des purges et des goulags, la suppression des élections aussi.

On se souvient des résultats électoraux de l'URSS d'autrefois. Les scores atteignaient invariablement 99 %, ridiculisant l'idée même du suffrage universel.

Plus subtilement, le système européen laisse se dérouler dans chaque pays des élections véritablement libres, aux scores incertains. Mais il s'est arrangé pour n'en plus tenir compte.

Ainsi, la possibilité, maintenant reconnue, de prendre en Conseil européen des décisions à la majorité qualifiée, aboutira à d'incertaines coalitions de ministres portugais, luxembourgeois, belges, italiens, autrichiens, suédois ou hollandais qui iront à un moment ou à un autre à l'encontre des volontés du peuple français. Il sera alors trop tard pour pleurer.

Un exemple : en juin 1998, la Chambre des députés s'est prononcée à la quasi-unanimité contre une directive de Bruxelles sur les dates d'ouverture de la chasse aux oiseaux migrateurs.

Il est possible que la directive européenne soit pertinente et que les députés français, de gauche ou de droite, aient tort ; là n'est pas la question.

L'attentat vis-à-vis de la démocratie, c'est que la directive, comme le dit la ministre de l'Environnement, Mme Voynet, s'imposera de toute façon. Là est la question. A défaut, la France (c'est-à-dire les citoyens contribuables français) paiera chaque jour de fortes amendes. Madame la ministre s'en réjouit. On peut être moins enthousiaste qu'elle.

Contraindre le peuple par des moyens détournés n'est donc pas seulement un rêve communiste – la dictature du prolétariat – ou libéral – le libre jeu du marché –, c'est aussi, nous le constatons, un rêve écologiste ! L'instauration, par le traité d'Amsterdam, d'une Europe à la carte rendra encore cet attentat plus imparable. Il suffira que quelques oligarchies s'entendent entre elles sur un sujet précis pour imposer de nouvelles lois sans vote, sans même qu'il soit besoin du moindre traité. Le système est verrouillé.

Les bonnes intentions proclamées par Lionel Jospin sur l'Europe sociale cachent en fait la capitulation en rase campagne des socialistes français devant les volontés du marché roi où les fonds de pension anglo-saxons, comme on l'a vu lors de la crise boursière de septembre 1998, disposent d'une influence démesurée.

De la souveraineté limitée au principe de subsidiarité

De la Constitution soviétique, les dirigeants russes avaient tiré leur doctrine de la souveraineté limitée des nations constituant l'URSS, doctrine qu'ils devaient appliquer, après la guerre, à l'ensemble des pays de l'Est. Dans le système européen qu'on nous propose, la souveraineté des nations doit être encore plus limitée. C'est la deuxième ressemblance avec l'ex-URSS.

Simplement, la souveraineté limitée a changé de nom. En langage Euroland, elle s'appelle le principe de subsidiarité.

Il est réjouissant d'entendre des anticléricaux se gargariser de cette vieille notion catholique de théologie qu'on apprenait de mon temps dans les séminaires diocésains et que Jacques Delors, en bon démocrate-chrétien (en l'occurrence, davantage chrétien que démocrate) n'a fait que transposer.

Ce principe dit clairement ce que pensent les eurocrates : à l'État national, ce qui est subsidiaire ; au système européen, ce qui est important. Or les exemples déjà donnés montrent que ni l'importation du sperme de cochon, ni le prix des livres, ni les dates d'ouverture de la chasse ne sont considérés par Bruxelles comme subsidiaires. Ce principe de théologie est donc un bon camouflage pour cacher ce que personne ne doit comprendre : en vérité, dans le système qu'on nous a fait ratifier, la compétence nationale tend vers zéro. Ironie : le principe de subsidiarité était invoqué par le Président Chirac et le Chancelier Kohl en juin 1998 pour nous faire croire qu'ils défendent la souveraineté des nations !

L'origine catholique de la subsidiarité est d'ailleurs révélatrice de la permanence vivace dans le système d'une culture vaticane que les communistes français dénonçaient jadis. Robert Schuman, Alcide De Gasperi, Konrad Adenauer [1], parmi les Pères fondateurs, étaient de bons catholiques. L'Europe de Duisenberg, Trichet et compagnie est de fait un système très confessionnel. Rien d'étonnant à cela ; quand on élimine la nation, surgissent les religions.

Nous sommes, en France, la seule nation laïque d'Europe.

Chez nous, l'appartenance religieuse ne doit pas interférer avec le politique. Chez nous, la citoyenneté est débranchée de la religion. Presque partout ailleurs, il en va différemment. La reine d'Angleterre et le roi de Suède sont chefs de leurs Églises respectives. Les Allemands paient des impôts religieux, sans parler même des catholiques ou des protestants d'Irlande. Personne ne comprend, en dehors de nos frontières, nos réticences à voir les tchadors des jeunes musulmanes envahir nos écoles. Ces réticences sont fondées sur notre répugnance à

---

1. Ces hommes furent présidents du Conseil en France et en Italie, et Chancelier en RFA.

laisser la religion envahir la sphère publique [1]. Il faut se souvenir que, lorsqu'il était ministre de l'Éducation nationale et que le problème s'est posé pour la première fois, lors de l'affaire dite « des foulards de Creil », en 1989, Lionel Jospin s'est rangé dans le camp du « hidjab » (voile islamique) aux côtés du grand rabbin, de l'archevêque et du recteur de la mosquée de Paris. Il a capitulé sur cette question, se défaussant sur le Conseil d'État habile à habiller cette capitulation de termes juridiques savants.

Pourrons-nous, devant les Cours de justice de Strasbourg et de Luxembourg, maintenir longtemps la laïcité de nos écoles publiques ? Laïcité qui constitue de toute évidence, à l'aune du droit européen qui nous régit désormais, une intolérable entrave à la liberté des parents d'élèves de faire ce qu'ils veulent. Dans ce droit concocté dans les arrière-cours de Luxembourg, il n'y a plus de citoyens, notion ringarde. Il y a des consommateurs, des parents d'élèves, etc. Pour les magistrats estampillés Euroland, le bon plaisir du consommateur (d'école, d'électricité, etc.) prévaudra toujours contre les lois nationales (sauf, mais cela va sans dire, en matière financière).

Pourrons-nous préserver de l'ardente obligation de la privatisation [2] notre Éducation nationale (quel vocabulaire archaïque) elle-même ?

---

1. Et pas seulement, comme nous l'avons vu, sur la saine « exogamie » des Français.

2. Pour paraphraser à l'envers une phrase de De Gaulle sur « l'ardente obligation du Plan ».

Je ne le crois pas. M. Madelin dit déjà tout haut qu'il faut privatiser l'école publique ; et M. Allègre veut « dégraisser le mammouth ».

L'irrévocabilité

Troisième similitude fâcheuse avec la Constitution soviétique, l'irrévocabilité. Comme le communisme des lendemains qui chantent (mais au moins le communisme se référait à un idéal social élevé), l'européisme libéral est irrévocable. Le système européen est un système à cliquet qui ne peut tourner que dans un seul sens, celui de la démolition des États-Nations.

Il n'existe pas dans le traité d'Amsterdam de clause de rendez-vous, offrant des occasions de révision.

Toutes les Constitutions nationales peuvent être révisées.

Mais l'européisme est une idéologie sans retour (comme le communisme). Par là même, il se confirme encore une fois comme foncièrement anti-démocratique. Jacques Chirac – qui était encore bien loin de l'Élysée – dénonça en 1978 dans ce que la presse nomma « l'appel de Cochin » les menaces « d'asservissement économique », de « supranationalité » et d'une « France sans voix ni visage ». Ce qui le faisait bondir ? La simple élection au suffrage universel du Parlement européen, institution sans pouvoirs s'il en est ! Les européistes ont eu chaud treize ans plus tard au moment du référendum français sur le traité de Maastricht en 1992 auquel Chirac se rallia sans gloire. Ils ne sont pas près de redonner la parole aux électeurs.

La décision de tenir ce référendum en France fut une erreur de jugement de François Mitterrand qui croyait les Français plus européens qu'ils ne l'étaient. D'ailleurs, l'immense majorité des dirigeants français partagea son illusion et s'engagea sans précaution dans une campagne référendaire méprisante à l'égard des rares dirigeants patriotes promis par Jacques Delors, comme auraient dit les Soviétiques, « à la poubelle de l'Histoire ».

Le oui à Maastricht l'emporta de justesse. Dans les derniers jours précédant le scrutin, la peur avait été grande chez les membres de la secte. Quel soulagement ! Depuis, tout recours au référendum dans les questions européennes est jugé sacrilège. On l'a constaté lorsque la question s'est posée fin juin 1998 à propos de la ratification du traité d'Amsterdam.

Quant au vote de 1992, il est devenu sacré ; même pour Philippe Séguin qui préconisait le non. « Je suis, déclarait-il récemment, un démocrate. Je me soumets au peuple et ne veux pas remettre sa décision en question. » Mais ce que le peuple a voté une fois, il peut le rejeter la fois suivante. La notion d'irrévocabilité est absolument incompatible avec la démocratie. S'il y avait irrévocabilité, pourquoi faudrait-il parfois voter de nouvelles lois ?

L'impotence

Dernière ressemblance et non la moindre avec l'ex-Constitution soviétique, le système européen est tout à fait impotent.

Peut-il d'ailleurs en être autrement ? Il n'y a pas, nous l'avons vu, de réelle autorité politique dans l'Union ; Conseils impuissants de ministres ou de chefs de gouvernement qui se neutralisent ; Parlement qui ne représente rien. De fait, ce sont les fonctionnaires européens, les eurocrates, qui dirigent la machine.

Or les fonctionnaires sont formés pour administrer. Ils ne doivent, en aucun cas, gouverner, ce serait usurper l'autorité politique.

L'adage romain *Cedant arma togae*, « Les armes le cèdent à la toge », ne concerne pas seulement les militaires, les bureaucrates aussi doivent obéir au pouvoir politique.

C'est à tort que nous avons évoqué à propos des Commissaires de Bruxelles, des banquiers de Francfort, des juges de Luxembourg, le despotisme éclairé du XVIIIᵉ siècle. Les despotes des Lumières étaient, eux, hommes politiques et souverains légitimes ; Frédéric II de Prusse ou Joseph II d'Autriche n'étaient pas fonctionnaires. Depuis, les peuples sont devenus, par le suffrage universel, les véritables souverains, et les seuls politiques légitimes sont élus. Quand je contribuais à l'élaboration de la loi sur le prix du livre, seul Jack Lang, ministre d'un gouvernement récemment porté par les élections présidentielle et législatives de 1981, en assumait la responsabilité. Par contraste et sur le même sujet, le Commissaire à la concurrence Karel Van Miert n'est rien. Coopté de fait, payé des ponts d'or, profitant d'impôts allégés, indépendant pendant la durée de son mandat, de quelle légitimité démocratique peut-il se prévaloir ?

En France, derrière le préfet, le ministre de l'Intérieur n'est jamais loin. Le préfet peut être révoqué à tout moment.

Dans le système, qui peut toucher aux irrévocables de Bruxelles ou de Francfort ? Qui s'en prendra à Karel Van Miert, Yves-Thibault de Silguy, Jacques Santer, Wim Duisenberg, Otmar Issing ou Bo Vesterdof s'ils déraillent ? Personne.

J'ai beaucoup d'admiration pour les grands commis de l'État (et même pour les bons généraux). Encore faut-il qu'il y ait un État et que les commis ne se prennent pas pour des gouvernants. La tête alors leur gonfle.

Les Commissaires, banquiers, juges du système européen sont des fonctionnaires, devenus électrons libres, d'une arrogance extrême.

Ils font la leçon à des gouvernements portés par le suffrage universel. Ils méprisent les Parlements devant lesquels ils refusent de comparaître.

Personne ne les a élus ; pour la durée de leur mandat, ils échappent aux sanctions d'un pouvoir politique européen faible et incohérent (celui du

Conseil européen). Comme la force armée, l'administration ne trouve sa grandeur que dans sa servitude[1], sa soumission au pouvoir politique. Des commis sans maître ne peuvent que jouer une farce sinistre.

J'ai plus de respect pour un député de base que pour Yves-Thibault de Silguy. Je me moque des opinions délirantes du Commissaire Karel Van Miert sur le prix du livre.

J'enrage quand j'entends un obscur fonctionnaire international, le Commissaire européen à l'environnement, faire la leçon à un État souverain. Ritt Bjerregaard a osé écrire dans une interview à *Libération* : « La Commission a jusqu'ici fait preuve de beaucoup de mansuétude à l'égard de la France[2]. »

« L'Union fait la force »

Dans l'ex-Constitution soviétique, l'impotence du système n'avait pas d'importance. La Constitution n'était qu'un masque. Derrière ce masque, l'URSS était en réalité un empire, fondé sur une armée et la domination de la Russie éternelle.

Derrière le masque progressiste du système européen, il y a seulement le règne des marchés financiers.

---

1. Pour paraphraser l'œuvre d'Alfred de Vigny *Servitude et grandeur militaires.*
2. 7 juillet 1998.

Cet empire-là conviendrait peut-être à l'homme dont rêve Alain Minc[1] : sans passé, sans frontières, débarrassé de ses limites, réduit à n'être qu'un consommateur frénétique. Les seules contraintes acceptées étant celles de la valeur de l'euro et des mouvements de capitaux en Bourse.

Il ne peut convenir à aucun homme réel.

« L'Union fait la force », slogan préféré des européistes, est un slogan risible. Il n'y a pas de force armée européenne.

L'Union, qui détruit les États forts, fait en réalité la faiblesse de l'Europe réduite à n'être plus qu'une grande zone de libre-échange, soumise à la volonté des autres (ce qu'on appelle pudiquement la mondialisation).

Par contraste, l'État américain est un véritable État dirigé par un Président et un Parlement élus au suffrage universel. Cet État utilise massivement tous les instruments de la politique économique qu'il dénonce chez les autres et que le système européen veut enlever aux vieilles nations : budget, monnaie, change, déficit et subventions. Sans compter la première armée du monde.

Ainsi se confirme un fait patent : le libéralisme est seulement une doctrine d'exportation, bonne pour les sujets et non pour la puissance impériale.

Autre évidence, l'américanisme des européistes est servile ; ils acceptent le discours libéral et refusent d'imiter l'État qui le fonde. Leur principal argu-

---

1. *La Mondialisation heureuse*, Plon, 1997.

ment, selon lequel ils construiraient l'Europe pour faire pièce aux États-Unis, est une imposture.

Ainsi, comme la Constitution de l'ex-Union soviétique, le système européen recherche seulement un effet d'apparence.

La réalité, c'est la domination politique des États-Unis, puissance impériale à État fort, et des marchés financiers (les deux étant, avec raison, souvent confondus).

La réalité, c'est le culte, jamais avoué, jamais aussi visible pourtant, du profit financier comme seul bien commun digne d'intérêt.

V

Charlemagne n'est pas le père de l'euro

Les gnomes qui règnent à Bruxelles se réclament d'un Père fondateur indiscutable et indiscuté, Jean Monnet, Père de l'Europe, vénéré comme tel. Il est donc nécessaire de comprendre qui est cet homme et ce qu'il a voulu.

Né en France (à Cognac en 1888), mort en France (1979), Monnet me semble pourtant davantage un grand Américain qu'un bon Européen.

Dès avant la Première Guerre mondiale, il s'installe aux États-Unis. Il y passera l'essentiel des années les plus dynamiques de sa vie ; pendant trente ans, il réside souvent là-bas.

Il y devient rapidement un financier, respecté des *lawyers* (avocats d'affaires). Vice-président de la US Blair and Corp., puis de la Monnet Murnane, il fréquente les milieux dirigeants de Washington. Il se lie à John Foster Dulles puis, par Harry Hopkins, à l'entourage du Président Roosevelt. Il garde sa nationalité française, se déplace entre l'Amérique et l'Europe (où, d'ailleurs, il séjourne plus souvent à Londres qu'à Paris) ; il parle évidemment parfaitement l'anglais. En 1939, il est chargé par le gouvernement français de négocier avec les États-Unis un contrat de fournitures d'armement. Après 1940, Jean Monnet devient l'un des artisans du programme de réarmement des États-Unis, le fameux Victory Program.

Attaché aux États-Unis, admirateur de leur puissance et de leur modernité, Monnet partage les jugements de Roosevelt sur la décadence et l'archaïsme des nations européennes (à l'exception, dans une certaine mesure, de l'Angleterre).

Les deux figures de ce siècle sont de Gaulle (1890-1970) et Monnet (1889-1979). Parfaitement contemporains, ils incarnent des idées opposées. De Gaulle croit à la France et à l'Europe des Nations, Monnet conçoit la « Construction de l'Europe » (l'expression est de lui) seulement sur les décombres des nations qui la composent.

Les destins des deux hommes se croiseront à deux reprises.

En juin 1940, ils se trouvaient tous les deux à Londres. Ils se connaissaient. Le sous-secrétaire d'État de Paul Reynaud avait eu le temps d'apprécier l'intelligence et la puissance de l'homme d'influence. De Gaulle était entré en dissidence. Monnet s'occupait de problèmes militaires au sein du comité de guerre franco-britannique. Le Général essaya de rallier le financier au comité français. Monnet préféra retourner aux États-Unis où ses compétences, il est vrai, firent merveille dans la naissance d'une industrie de guerre américaine. De Gaulle écrivit, sans lui, l'épopée de la France libre.

On ne peut s'empêcher de penser que Jean Monnet ne fut pas étranger à l'hostilité profonde que le Président Roosevelt voua au général dissident. Monnet était l'ami de Hopkins qui détestait le rebelle de Londres. Conseiller du président des États-Unis, Hopkins manifestait beaucoup d'indulgence pour le régime de Vichy avec lequel l'Amérique entretint presque jusqu'à la fin des relations diplomatiques officielles.

C'est Roosevelt qui fut involontairement responsable de la deuxième rencontre entre de Gaulle et Monnet. Celle-ci se révéla plus durable.

En février 1943, le président américain envoya Jean Monnet à Alger où son armée avait débarqué en novembre 1942. Sa mission : conseiller le général Giraud, lequel, installé par les Alliés en Afrique du Nord avec le titre bizarre de « commandant en chef civil et militaire », essayait de faire vivre en Algérie une espèce de régime de Vichy amélioré, sous protectorat américain et non plus allemand.

Giraud ne put cependant empêcher de Gaulle, qui s'appuyait de plus en plus sur la Résistance intérieure française, de s'installer en mai à Alger et de coprésider avec lui le nouveau comité français. Mais, dès le mois de juillet 1943, Jean Monnet abandonnait l'homme de Roosevelt et commençait à soutenir de Gaulle.

De là vient l'ambiguïté qui fit de Jean Monnet,

délégué officieux des Américains, un ministre gaulliste.

L'équivoque s'explique : de Gaulle, depuis 1940, n'avait plus d'illusions sur Monnet, mais il ne pouvait se permettre d'écarter cet ami des États-Unis alors qu'il jouait une partie difficile et avait besoin de l'Amérique pour armer les forces françaises qui retournaient à la bataille.

Quant à Monnet, il était beaucoup trop intelligent pour soutenir longtemps un homme aussi nul sur le plan politique que Giraud. Dès les premiers affrontements de Gaulle-Giraud, au lycée Fromentin d'Alger où siégeait le gouvernement, Monnet comprit que le pauvre général ne ferait pas le poids face au chef formidable de la France libre ; mieux valait alors voler au secours de la victoire inéluctable du général de brigade à titre provisoire sur le général d'armée.

C'est ainsi que Monnet et de Gaulle purent utilement coopérer.

Mais après le départ hautain du libérateur, quittant avec fracas le pouvoir, en janvier 1946, Jean Monnet redevint un farouche antigaulliste.

Cependant, sa nomination au Commissariat au Plan, institution chère au Général s'il en fut, entretint l'équivoque. C'était oublier que Jean Monnet, proche de Roosevelt, était un homme du New Deal, un économiste américain pour lequel – en cela les européistes actuels ne lui sont pas fidèles – l'État devait continuer à jouer un rôle majeur. C'est toujours le cas à Washington aujourd'hui. D'ailleurs,

Jean Monnet restait attaché à l'Amérique et ne voyait nullement dans la construction européenne quelque chose qui pût résister à sa prépotence.

Le 9 mai 1950, sous son impulsion et celle de Robert Schuman, la première pierre de la construction européenne était posée avec le lancement de la Communauté européenne du charbon et de l'acier, la CECA. Des eurocrates fanatiques de Bruxelles songent à faire du 9 mai la fête nationale de l'Europe, supprimant du coup la célébration de la défaite nazie du 8 mai 1945. Déjà, le Président Giscard d'Estaing s'employa sans succès à supprimer la célébration du 8 mai, désagréable aux sensibilités allemandes.

Jean Monnet fut, de 1952 à 1954, président de la CECA qui organisa la modernisation des deux industries menacées.

Il publia alors son manifeste européiste *Les États-Unis d'Europe ont commencé*[1].

Rien n'a vieilli dans ce texte, étonnamment actuel, qui reste la bible de ses disciples, y compris celle de leurs illusions ; en particulier croire qu'on puisse construire l'Europe sur le modèle des États-Unis d'Amérique. Il faut dire que, à l'instar de la plupart des économistes, Monnet était d'une grande ignorance sur le plan historique.

Hélas, le succès tourna la tête de cet homme prudent.

Lancé le 25 mai, avec le soutien de Monnet, le

---

1. Robert Laffont, 1955.

projet autrement plus ambitieux d'armée européenne, la CED, Communauté européenne de
Défense, fut enterré le 25 août 1954 par l'Assemblée
nationale française.

Il n'était pas idiot, tant qu'à construire un État
fédéral européen, de commencer par l'armée. Mais
l'ambition venait trop tôt.

Aujourd'hui l'idée d'une défense européenne
commune est morte mais elle a resurgi sous la
forme, plus brutale encore, d'une soumission totale
des armées européennes à l'OTAN. C'est-à-dire au
commandement américain. Août 1954 fut un échec
pour Monnet. Quant au traité de Rome, adopté trois
ans plus tard en 1957, il sera un traité clairement
intergouvernemental et non point fédéral, ce qui le
rendit d'ailleurs acceptable aux yeux de De Gaulle.

Mais avec Maastricht en 1992, la revanche posthume de Jean Monnet fut éclatante.

Après son échec de 1954, Jean Monnet, déçu,
deviendra plus circonspect. Du rejet de la CED par
l'Assemblée nationale, il gardera jusqu'à sa mort
une profonde méfiance pour le suffrage universel.

Il préférera faire avancer ses idées chez les hauts
fonctionnaires et les financiers ; il ne le cachera pas
dans ses *Mémoires*[1]. L'idéologie européiste, avec son
cortège de mensonges et de dissimulations, lui doit
certainement beaucoup. Ses disciples répugnent
encore aujourd'hui à consulter les peuples suspects

---

1. Parus à l'origine chez un éditeur américain, Doubleday, en
1978.

de nationalisme. Ils se méfient de tout ce qui est politique et préfèrent œuvrer en catimini, par degrés. Cela s'appelle le système du cliquet qui, comme une sorte d'engrenage, interdit de fait tout retour en arrière.

Le plus grand des européistes, Jacques Delors, le reconnaît : « A chaque fois, dit-il, qu'on a voulu construire l'Europe sur la politique, on a connu un échec » (colloque de Francfort, le 23 juin 1998). Quel aveu ! Il y a décidément une grande cohérence dans la décision deloriste de ne pas affronter le suffrage universel à la présidentielle française de 1995. Monnet-de Gaulle, l'affrontement a continué après eux.

Jean Monnet et le Panthéon

Aujourd'hui, le Général, chantre de la Nation, semble avoir perdu la partie. L'élection de Giscard d'Estaing en 1974 marqua le triomphe de Monnet.

François Mitterrand, qui fut giraudiste avant de consacrer son énergie et son habileté à la construction européenne, est un disciple proclamé de Jean Monnet.

Neuf ans après la mort du Père de l'Europe, il en fit d'ailleurs transférer la dépouille au Panthéon. C'était en 1988. Suprême habileté. Sur la frise du Panthéon, on peut encore lire : « Aux grands hommes, la Patrie reconnaissante. »

La Patrie française ne représenta pourtant jamais

95

l'essentiel pour Jean Monnet. Il eût été plus conforme à sa vie de le faire enterrer au cimetière d'Arlington, à Washington !

Rien ne révèle comme l'action et les écrits de Jean Monnet que l'Europe n'est nullement destinée à faire pièce aux États-Unis, mais seulement à organiser leur domination sur les nations vaincues (dans la vision giraudiste qui était celle de Roosevelt et de Monnet) et discréditées du vieux continent.

Monnet a pour l'instant gagné. Le gaullisme paraît mort, si l'on néglige la petite flamme vacillante qui brûle encore chez les amis de Charles Pasqua et de Jean-Pierre Chevènement.

Héritier, sur le papier, du gaullisme, Jacques Chirac est en réalité tout à fait monnétiste. Comme le sont aussi les socialistes Dominique Strauss-Kahn et Lionel Jospin (ce dernier davantage par résignation que par conviction).

Cependant, l'histoire posthume du combat Monnet-de Gaulle n'est pas finie. Les nations, je le crois, resurgiront.

L'Euroland carolingien et la République

Dans le système européen, la disparition des vieilles nations est programmée au bénéfice de l'Euroland.

Adieu « douce France », « belle Italie », « verte Angleterre », « sainte Russie », l'Euroland les efface. La laideur de ce mot, aussitôt repris avec une délectation masochiste par l'ensemble des médias, son origine américaine basique (« Land » et pourquoi pas « Païs » ?) ne semblent guère gêner ceux-là mêmes qui défendent avec ferveur ce qu'ils appellent l'exception culturelle européenne. A lui seul il est déjà un aveu.

On pouvait aimer Naples contre Venise à l'instar de Régis Debray, ou bien Paris davantage que Londres. Que peut-on aimer dans le mot Euroland, si ce n'est l'odeur de l'argent, l'empathie avec le cirque vulgaire et décadent connu sous le nom de Disneyland ? A quand un Chiracoland ? Un Jospino-land ?

Contrairement à leurs belles déclarations culturelles, les européistes s'emploient, sans regret, à nous construire une Amérique au rabais.

Certains d'entre eux cependant ont conscience du côté brutal de cette référence. Ils rassemblent alors leurs souvenirs d'école et transforment le système européen en nouvel empire carolingien.

En 1998, Pierre Moscovici, jeune ministre socialiste des Affaires européennes justement, ne put « dissimuler son émotion en prenant la parole à Aix-la-Chapelle ». Pour ceux qui l'ignoreraient, rappelons que cette ville allemande passe pour la capitale carolingienne. En réalité, c'était la bourgade où Charlemagne avait sa villa, son école et ses quelques fonctionnaires (des ecclésiastiques).

Ce n'est pas non plus par pure coïncidence que, lors du sommet de 1978, Giscard et Schmidt décidèrent de se retrouver à Aix-la-Chapelle. En France, comme en Allemagne, on insista lourdement sur la symbolique du lieu. Les deux leaders ne manquèrent pas de se recueillir devant le trône de l'empereur à la barbe fleurie, et une messe particulière fut célébrée à la cathédrale. A la fin du sommet, Giscard remarqua : « L'esprit de Charlemagne flottait au-dessus de nous pendant que nous discutions des questions monétaires... » Grotesque !

Tous les historiens savent en effet aujourd'hui que « l'empire » carolingien fut une réalité évanescente, impotente et barbare. Contrairement à Trichet, Charlemagne était illettré. Seule l'Église, à cause du couronnement du chef barbare par le pape à Rome, en l'an 800, fit naître et cultiva la légende.

Il fallut encore deux siècles à l'Europe pour que la barbarie recule et que l'État renaisse après l'an 1000.

Qu'importe. Le mythe carolingien est bien commode.

Un hiérarque du PS, écrivant en 1992 dans *Le Monde*, eut le culot de résumer ainsi le but de la construction européenne : « Refaire tout ce qui a été détruit en 843. » Le traité de Verdun, en 843, partageait le pseudo-empire entre les descendants du grand chef. Il constitue l'acte de naissance officiel de la France. On ne saurait mieux avouer que la construction européenne a pour but de détruire la France. Elle a déjà eu pour résultat de liquider une monnaie qui, quoi qu'on en pense, avait acquis ses titres de noblesse. Car le franc, non en tant que monnaie mais sous forme de pièce, remonte à 1360.

C'est en effet à cette époque que Jean le Bon est fait prisonnier par les Anglais. Pour faire libérer leur roi, les Français paient plusieurs tonnes d'or et battent monnaie : le franc est né. Il faudra encore plusieurs siècles pour qu'il s'impose sur la scène européenne.

Il reste que le mythe carolingien exprime cependant, malgré lui, les tristes réalités de l'Euroland.

D'abord géographiquement : il laisse en dehors de l'Europe imaginaire l'Europe byzantine et orthodoxe, à l'est et au sud-est. Il repousse absolument le Sud et la Méditerranée.

Ensuite, culturellement : l'Euroland est le pays des chrétiens d'Occident ; une espèce de réminiscence de chrétienté carolingienne (l'Europe vaticane). On ne le dit pas expressément, mais on conçoit mal que ce nouvel empire de Charlemagne puisse intégrer des citoyens musulmans.

Et d'abord, qui est le Charlemagne de Bruxelles ? Jacques Santer ? Le Hollandais Wim Duisenberg ou l'Espagnol Gil Carlos Rodrigues Iglesias [1] ?

La République française, elle, est la seule de son style en Europe. La République est à l'opposé de l'Euroland carolingien.

La République est composée de citoyens égaux.

L'Euroland, de consommateurs et d'épargnants inégaux.

La République est laïque. La religion y restant affaire privée.

------

1. Respectivement présidents de la Commission, de la Banque et de la Cour de Luxembourg.

L'Euroland est confessionnel et ses cours de justice donneront raison aux cléricaux.

La République s'est construite autour d'une école qui en transmit les valeurs.

L'Euroland appelle à la privatisation de l'enseignement.

La République est « une et indivisible ». On ne veut y connaître que des citoyens.

L'Euroland est communautariste (relire la directive du Conseil européen de Strasbourg sur les minorités).

La République a le souci de sa défense : « Aux armes citoyens. »

L'Euroland a renoncé à sa défense : « Au secours l'OTAN. »

En résumé, en aucune manière, le modèle républicain ne saurait survivre à l'Union européenne. Les socialistes ou les gaullistes qui feignent de croire le contraire sont des naïfs ou des menteurs.

VI

Cette Europe qui n'existe pas

Le système européen est donc une organisation impotente. Une usine à gaz maquillée en gouvernement démocratique, incapable de mener une autre politique que l'action monétaire, débouchant sur une concurrence débridée pour laquelle elle fut programmée.

Les oligarques européens n'ont même plus la classe d'un Jean Monnet. Ils ne sont plus que des gestionnaires timorés, c'est-à-dire qu'ils savent gérer une situation décrite à l'avance, conforme à leur pensée économique close et pas davantage.

Pour les critiquer, il n'est pas nécessaire de discuter leur doctrine économique. Il suffit de rappeler que ces gens ne sont pas des gouvernants. La fortune du verbe gérer (aujourd'hui on ne décide pas, on ne commande pas, on gère !) est révélatrice de la mode financière qui croit gérer la société comme un placement bancaire. Mais la société n'est pas une école de commerce.

Quant à ce qui relève de l'administration, cela fonctionne toujours au précédent ; or la société n'est pas non plus une école d'administration, fût-elle ENA, ou même une grande école comme Polytechnique. On connaît aujourd'hui, qu'il s'agisse d'exploits dans la banque ou dans l'industrie, les limites des diplômés de l'ENA ou de Polytechnique.

Gouverner, acte politique par excellence, ce n'est donc ni gérer ni administrer. Gouverner, c'est faire face à l'imprévu ; c'est la raison d'être des gouvernements !

Or, il est impossible de prévoir l'avenir, fût-ce en interrogeant l'Histoire. Quant à prolonger les courbes statistiques, on sait la vanité de l'exercice. Cependant, tous les historiens sérieux tirent de leur méditation du passé une vraie certitude pour le futur : c'est toujours l'imprévu qui arrive.

L'Histoire n'est pas un long fleuve tranquille. L'Histoire est tragique. L'être humain n'est pas un *homo œconomicus*. Ce serait davantage un être religieux. Mais c'est d'abord un être politique. C'est un mammifère supérieur qui s'est arraché aux limites de son code génétique et ne peut maîtriser sa violence ou ses passions que dans le cadre de la Cité.

Parfois, il y réussit.

Regarder l'Acropole d'Athènes. Marcher entre les piliers d'une cathédrale. Descendre le Grand Canal de Venise en vaporetto. Autant de gestes qui nous en apprennent plus sur l'être humain que tous les ordinateurs. Non que la réalité économique soit absente de ces édifices ; l'Acropole n'aurait pas été construit sans l'or de l'empire athénien ; les palais somptueux de Venise étaient des palais de marchands ; mais cette prospérité ne suffit pas à les expliquer.

Le principal danger du système des eurolâtres, c'est qu'il n'implique aucun projet. Aucune véritable Cité pour les hommes. Son idéologie réductrice suppose même que les sociétés humaines doivent devenir apolitiques, simplement régulées par le jeu du marché, comme le croient les libéraux. Elles se délivreraient ainsi de la violence, si l'on excepte évidemment la violence faite aux pauvres. Pour ceux-là il y a les prestations sociales et le RMI. C'est la thèse du livre de Francis Fukuyama[1].

A l'opposé de cette vue simpliste, on peut être sûr d'une chose : le tragique resurgira.

Il ne s'agit pas ici de pessimisme. Le pessimiste voit le monde évoluer vers le pire, inéluctablement. Les exemples de l'Acropole ou du Grand Canal montrent au contraire que le monde est capable d'aller vers le meilleur, vers l'harmonie sociale et la beauté.

Il ne s'agit pas de pessimisme, simplement de bon sens : non, l'Histoire n'est pas finie. Les tragédies n'ont d'ailleurs pas manqué depuis un siècle. Faut-il les rappeler ?

Les États-Unis sont nés du droit des peuples à disposer d'eux-mêmes et de la philosophie des Lumières ; dès l'origine, c'est une puissance constitutionnelle et fédérale. Ces bons auspices n'empêchèrent pas, trois générations après l'indépen-

_____

1. *La Fin de l'Histoire et le dernier homme*, Flammarion, 1992.

dance, la terrible guerre de Sécession entre le Nord et le Sud ; ce sera la première guerre moderne (artillerie, chemins de fer, navires à vapeur) ; près d'un million de morts tout de même !

Était-ce pour supprimer l'esclavage ? Cette question ne fut pas centrale, il y avait des esclaves aussi chez les Nordistes.

Cette guerre eut lieu en vérité pour empêcher les États du Sud de quitter l'Union. Le nom qu'elle a gardé illustre bien ce sentiment que les combattants avaient du véritable enjeu : guerre de Sécession.

L'Union européenne pourrait-elle, un jour, faire la guerre aux États sécessionnistes éventuels ? Ou plutôt, les États voulant rester dans l'Union feraient-ils la guerre aux États désireux de la quitter ? Par quels moyens, dira-t-on, Bruxelles n'ayant pas d'armée ? Et si l'euro allait un jour servir à contraindre les récalcitrants ?

La question peut sembler comique aux esprits forts.

L'est-elle tellement ? Après tout, aucun mécanisme des traités ne permet de sortir légalement de l'Union. Comment réagiraient devant une demande de sécession les gentils gnomes de la BCE et les invisibles de la Cour de Luxembourg ?

Dans le même siècle, presque au même moment et pour d'autres raisons, la nation française a vécu, en 1871, la tragédie de la Commune de Paris : vingt mille communards massacrés pendant la semaine sanglante que dura la reconquête de la capitale par l'armée régulière. Comparaison absurde ? Peut-être.

Mais quels dégâts produirait une guerre civile interne à l'Europe ?

On pourrait multiplier les exemples à l'infini.

On doit donc affirmer que la monnaie unique ne suffira pas à faire régner la paix : Nordistes et Sudistes avaient la même monnaie ; communards et républicains modérés aussi. On se rappelle que les communards, monétaristes à leur manière, refusèrent absolument de confisquer l'encaisse-or de la Banque de France qui était pourtant en leur pouvoir.

L'euro n'est qu'une monnaie. Rien de plus. Le rouble n'a pas empêché l'Union soviétique d'exploser. L'euro n'empêcherait pas le système européen de se disloquer.

Si l'on s'attache aux facteurs de désagrégation de l'Union européenne, on peut imaginer trois grandes fractures possibles.

L'explosion des nations

L'idéologie européiste est destructrice de la nation. Dans les têtes et dans les cœurs.

Les jeunes gens ne savent pas l'avenir que l'Europe leur réserve et en même temps ils n'ont plus le sentiment d'un passé commun puisqu'ils n'apprennent plus guère l'histoire de leur nation.

En France, l'école de Jules Ferry enseignait cette

histoire-là. Elle apportait aux jeunes les ressources nécessaires à la construction d'une identité nationale, par un long récit historique dont les générations plus âgées sont encore imprégnées.

Nous avons constaté plus haut qu'il n'y a pas « une » nation, « une » civilisation en Europe, contrairement au modèle américain, mais plusieurs nations, plusieurs civilisations, chacune universelle. La nation est donc le seul cadre culturellement pertinent. Le seul point de vue à partir duquel on puisse s'ouvrir au monde. Or on en parle de moins en moins.

L'école d'aujourd'hui ne raconte plus l'histoire de France. Il suffit pour s'en convaincre de consulter les derniers manuels d'histoire du collège ou du lycée, conformes aux nouveaux programmes. Prenons au hasard les manuels, des Éditions Hatier pour la classe de 4e (je dis « au hasard » parce que c'est le gouvernement et non les éditeurs qu'il faut incriminer). Le cadre déterminant de ce livre de collège est toujours l'Europe : « L'Europe de 1600 à 1730 », « L'Europe et son expansion au XIXe siècle », proclament les titres de chapitres. La France ? Elle a encore droit à un petit paragraphe subordonné.

Ainsi, ce n'est pas leur faute mais bien celle de cette grande machine d'éducation qu'on n'ose plus appeler nationale, si le sentiment d'appartenir à une nation est maintenant étranger à beaucoup de nos jeunes gens. L'école et les modes ont fait d'eux des immémorants. Il y a une exception. On leur prescrit le devoir de mémoire, mais on constate bientôt que ce devoir ne concerne que les souvenirs honteux. On a le devoir de ressasser Vichy. Certes, il est juste de regarder en face les crimes du passé, à condition de n'en pas évacuer les épopées. Pour nos dirigeants masochistes (souvent enfants de la bourgeoisie collabo), on a le devoir de battre sa coulpe à propos de Vichy, mais encore plus celui d'oublier l'épopée de la France libre. On a le devoir de décrire les boucheries sanglantes de 14-18, mais encore plus celui d'oublier l'héroïsme des poilus (et pourtant, jamais nation ne paya à ce point le prix du sang ; il suffit d'évoquer les monuments aux morts de nos villages). On a le devoir de parler avec ironie des défaites de l'armée française, mais encore plus celui d'oublier les innombrables victoires de la Révolution et de l'Empire dont les technocrates n'ont pas eu le temps de faire marteler les noms sur l'Arc de Triomphe. Il s'agit, sciemment, de casser la fierté du peuple français et de lui mettre, avec le talent de Bernard-Henri Lévy, le nez dans ses heures honteuses.

Ce dogmatisme a des conséquences dramatiques pour les enfants de l'immigration. Quand j'étais éducateur de rue dans le XVIIIe arrondissement de Paris, ceux-ci éprouvaient déjà la haine. C'était une haine sociale contre les bourgeois, les flics et les curés (sauf moi) qui s'exprimait dans le fameux chant *Mort aux vaches, mort aux condés*. Ils avaient cependant au cœur l'amour de la France et se proclamaient gaulois (français en argot).

107

Je me souviens d'un retour de camp de neige. Notre autobus ex-RATP avait fait escale à Chambéry. Il y avait eu bagarre. Des Savoyards furieux nous entouraient. Juché sur la plate-forme du bus, l'un de mes types, Abdel-Hamid-Ben Rabah, surnommé « Al Capone », leur criait : « C'est même pas français depuis cent ans, et ça nous fait la leçon ! » (il avait lu des affiches célébrant le centenaire du rattachement de la Savoie à la France).

Maintenant, pour la première fois chez nous, certains jeunes des quartiers se constituent en bandes ethniques ; et il leur arrive d'en traiter d'autres de sales Français uniquement parce qu'ils ont la peau blanche !

L'explosion patriotique que l'on put observer en juillet 1998 à l'occasion de la victoire de la France à la Coupe du monde de football, les drapeaux tricolores brandis par des blacks-blancs-beurs, les *Marseillaise* m'ont tout de même rendu espoir.

Pourquoi, me disais-je, les jeunes des quartiers seraient-ils davantage patriotes que les enfants des dirigeants européistes ? Le fait est qu'ils le sont. La bourgeoisie dirigeante a trouvé ce spectacle obscène mais a gardé un silence prudent. Les journalistes branchés n'oseront plus parler de fête tricolore quand dix mille lepénistes défileront rue de Rivoli, maintenant que cent mille drapeaux tricolores ont été brandis par un million de personnes aux Champs-Élysées. On peut tout du moins l'espérer [1].

---

1. Je m'illusionnais. L'expression est ressortie de la bouche de

Tout n'est donc pas perdu. La relance économique ? L'emploi ? L'instruction civique ? La machine à assimiler française peut se remettre en route. Ces jeunes blacks, beurs pourraient vouloir comme des millions avant eux, comme Romain Gary, petit juif lituanien devenu prix Goncourt et Compagnon de la Libération – devenir français !

Par malheur, l'implacable système européen va continuer de fonctionner, générateur de chômage et de déflation ; l'envahissante idéologie européiste va devenir de plus en plus omniprésente. Or c'est une machine à détruire le patriotisme.

Un jeune d'origine maghrébine, turque ou malienne peut (la Coupe du monde de football l'a prouvé) rêver d'être français, mais que signifie pour lui devenir européen ?

Il est possible, la France l'a fait (même si l'Allemagne ne l'a pas tenté avec son droit de la nationalité fondé uniquement sur l'hérédité[1]), d'intégrer des immigrations à la nation. Il est impossible de les intégrer à un peuple européen qui n'existe pas. Nulle part plus qu'en cette matière d'intégration des étrangers, la vacuité des fanatiques de Bruxelles n'apparaît avec tant de force.

Le signe positif du Mondial est donc fragile, d'autant que pour la première fois de notre histoire,

---

nos présentateurs de télé à l'occasion de la première manifestation du FN qui a suivi.

1. Les socialistes allemands, arrivés au pouvoir, viennent de changer les lois sur la nationalité.

les jeunes Français, par dizaines de milliers (surtout bourgeois et diplômés), commencent, sous la double contrainte du chômage et de l'idéologie, à s'expatrier.

L'Europe des régions qu'on nous prépare ne contribuera pas non plus à renforcer la cohésion nationale.

Le Conseil de l'Europe a ainsi concocté, en 1992, une charte européenne sur les minorités nationales qui accorde, contrairement à notre tradition républicaine, des droits institutionnels aux provinces, aux ethnies, aux communautés religieuses. Elles doivent pouvoir développer leurs différences en toute liberté strasbourgeoise.

Pour une fois républicain, le Conseil d'État, en 1996, avait déclaré cette charte incompatible avec la Constitution ; en effet, celle-ci stipule que « la langue de la République est le français ». Mais le Premier ministre, Lionel Jospin, a décidé en octobre 1998 de la ratifier. On va enseigner bientôt dans l'école publique, non pas le breton ou le corse, mais en breton et en corse, contribuant ainsi à détruire l'unité nationale.

Ewen, 11 ans, élève d'une école privée bretonne près de Brest, « crache sur les voitures qui arborent un autocollant Bleu-Blanc-Rouge [1] », raconte *Libération*. Lionel Jospin s'en moque. Il est à la mode européiste.

Il s'agit au fond que tous les groupes sociaux orga-

---

1. 1er octobre 1998.

nisés d'un pays puissent traiter directement avec les
« gnomes ».

Cela rejoint le désir secret de la plupart de nos
notables provinciaux qui aiment à faire du lobbying
à Bruxelles par-dessus la tête de l'État. Et la Commission de se féliciter d'avoir à traiter directement
avec de grands féodaux, plutôt qu'avec les États.
Dans l'Europe, les tribalismes de tous poils trouvent
une belle justification. A quand l'Europe des can-
tons ?

Dans nos provinces, sur les monuments, flottent
déjà le gonfanon local et le niais drapeau bleu de
l'Union. Subsiste encore le drapeau tricolore, entre
les deux autres. Pour combien de temps ?

VII

Pourquoi l'euro va exploser

La justification ultime des européistes se résume dans le fameux slogan « L'Europe, c'est la paix ». Poussés dans leurs derniers retranchements, les fédéralistes finissent par s'écrier : après les tueries de 14-18 et celles de 39-45, plus jamais la guerre ! Pour cela, nous construisons l'Union. Du bout des lèvres, ils concèdent que ce système n'est pas sans défaut mais il assure le calme, affirment-ils.

La vérité est bien différente. Ce n'est pas le système européen qui produit la paix en Europe. La guerre est devenue improbable entre les grands États d'Europe, non certes grâce à l'Union, mais simplement parce que les lignes de force du monde se sont déplacées.

La France, l'Allemagne, l'Angleterre ne se disputent plus aujourd'hui l'imperium. Faute d'enjeu, la paix serait advenue même sans la construction européenne ; le concert traditionnel des nations et les réconciliations de l'après-guerre ont joué un rôle autrement plus décisif. Que l'on se souvienne des rencontres de Gaulle-Adenauer à Colombey ou Mitterrand-Kohl à Verdun.

Ma conviction profonde est absolument à l'opposé : le système européen, désormais, est au contraire gros de menaces pour la paix.

Pourquoi ? Parce que si nous ne sommes plus, sur notre continent, menacés par des affrontements entre grandes nations, les guerres tribales, en revanche, nous guettent. Or ces guerres ethniques, nous pouvons constater tous les jours dans les Balkans que l'Union européenne ne saurait nous en préserver. Le cafouillage tragique de Sarajevo le montre. Pire, en détruisant idéologiquement la Nation, la doctrine européiste rend plus faciles ce genre de violences. Après tout, le conflit a éclaté au nom du droit des minorités.

Un État doit garder du sens pour ses citoyens. Dans l'Union, le sens est confisqué en haut par l'euro, symbole de l'idolâtrie de la monnaie et du renoncement à la politique et en bas par les ethnies et communautés de toutes sortes.

Les États-Nations, surtout les États faibles et moins historiquement fondés que les autres, sont alors ébranlés. Comment s'en étonner ?

Ce n'est pas un hasard si les résistances les plus vives se manifestent en Angleterre, en France et au Danemark qui sont les plus anciennes nations d'Europe. Des États millénaires ne se bousculent pas en quelques années.

En Italie, unifiée seulement en 1870, l'État, disqualifié par Mussolini, est malade. Les Italiens du

Nord, très europhiles, veulent traiter directement avec Bruxelles, en court-circuitant « Rome, la voleuse », et en se débarrassant du Sud napolitain et sicilien qu'ils méprisent. Au nom de Maastricht et d'Amsterdam, à quel titre conforter l'État italien ?

En Espagne, comment faire la leçon aux fous meurtriers de l'ETA et du Pays basque ?

Et en Belgique ? La Belgique fut créée jadis par les ennemis de la France afin d'empêcher celle-ci de monter vers le nord. Ce furent d'abord les Espagnols, ensuite les Autrichiens, enfin, après Waterloo, les Anglais. L'Angleterre mena les deux guerres de ce siècle pour préserver l'indépendance de la Belgique, contre l'Allemagne cette fois. Aujourd'hui, Espagne, Autriche, Angleterre se moquent de savoir si la Belgique sera maintenue ou pas.

Fondé de l'extérieur, l'État belge avait fini par acquérir une certaine légitimité ; l'Europe l'a complètement détruite ; d'autant que Bruxelles est la capitale du système.

Quel intérêt les Flamands auraient-ils à rester « belges » maintenant qu'ils sont directement en prise avec les institutions communautaires ?

Une Flandre compacte et dynamique se sent justifiée par l'euro de se séparer enfin d'une Wallonie, industriellement sinistrée, qu'elle déteste. La Wallonie, quant à elle, confirme son archaïsme en rêvant, dans ce cas, d'un rattachement à la France, ce qu'on appelle là-bas « le rattachisme ». Liège, c'est vrai, était française sous Louis XI. Quand on évoque cette hypothèse, les européistes parisiens, gauche caviar ou droite saumon, la jugent « ridicule ». Est-ce si sûr ?

Les passions mauvaises s'y mêlant, tous les éléments existent en Belgique d'un affrontement violent. Flamands et Wallons sont plus différents que ne le sont les Serbes et les Croates. Serbes et Croates parlent la même langue, contrairement aux Wallons (francophones) et Flamands (néerlandophones).

Au-delà de l'Union mais à ses frontières, on pourrait trouver cent exemples de conflits menaçants.

Les pays de l'Est, des États baltes à la Roumanie, en passant par la Pologne, tous candidats naturels à l'Union, sont davantage minés par les problèmes de minorités (le Kosovo en Serbie, par exemple).

Plus à l'est encore, l'explosion de l'Union soviétique a créé une zone de dangereuse instabilité. La Biélorussie et l'Ukraine sont aujourd'hui indépendantes. Si la Biélorussie est une fiction, l'Ukraine hérite d'une longue histoire, et c'est historiquement à Kiev qu'est né l'État russe. Les peuples anciennement sujets – Arméniens, Géorgiens, Azéris – se font la guerre pour le contrôle des oléoducs de la Caspienne. La nation russe, frustrée de son rôle impérial, peine à retrouver ses marques. L'irruption brutale du capitalisme a vidé les goulags mais libéré les mafias. L'extrême pauvreté côtoie la richesse la plus agressive. L'Armée rouge s'est effondrée, laissant rouiller ses sous-marins nucléaires à Mourmansk, humiliée par les Afghans et les Tchétchènes. Cependant, la Russie reste une grande nation historique, puissance pétrolière et toujours nucléaire ; d'où sa dangerosité si elle ne trouve pas de gouvernement accepté par son peuple.

Au sud, la mer européenne par excellence, la Méditerranée, notre Rio Grande à nous [1], nous lie à l'Afrique et à l'Orient. On y trouve les mondes arabe et musulman, tentés par l'intégrisme religieux. Quant à l'Afrique noire, jadis entièrement colonisée par les Européens, on y parle encore des langues européennes (français, anglais, portugais). La France, en particulier, avait une politique africaine (bonne ou mauvaise). Archaïsmes d'un autre temps.

Le monde arabe n'intéresse pas l'Allemagne et l'Afrique noire n'intéresse personne dans l'Union. Au nom de Maastricht, la France est en train de renoncer au monde arabe et à l'Afrique, comme elle renonce à conserver une armée indépendante. Si survenait, dans ces espaces proches, une crise grave, croit-on que l'Union voudrait y faire quoi que ce soit ? Tous les membres du « système » ont déposé leur indépendance entre les mains de l'actuelle puissance impériale, les États-Unis.

L'euro, c'est l'OTAN

Rien n'illustre mieux d'ailleurs les risques qui entourent l'Europe que le rôle inouï de l'OTAN.

---

1. Le Rio Grande sépare les États-Unis du Mexique.

117

L'Organisation de l'Atlantique Nord était au départ une alliance militaire dirigée contre l'impérialisme de l'Union soviétique.

Après la chute du mur de Berlin et l'écroulement de l'URSS et de l'Armée rouge, cette alliance ne se justifie plus.

De tout temps d'ailleurs, l'OTAN a été le camouflage de l'impérialisme américain ; ce pourquoi le général de Gaulle en a quitté, en 1966, l'organisation militaire, exigeant que les bases américaines de France soient évacuées.

Aujourd'hui cet impérialisme, qu'on pouvait préférer à la domination russe, n'a plus de justification.

L'Union est toujours couverte, à l'exception de la France, de bases militaires américaines. S'il est un domaine où l'alibi de l'indépendance vis-à-vis des États-Unis est risible, c'est bien celui-là !

La plupart des pays européens, nous l'avons vu, ont depuis longtemps délaissé la démocratie souveraine, celle qui concerne le choix de la paix ou de la guerre. Le Danemark, le Luxembourg ne sont pas intéressés par le monde extérieur. La RFA est empêchée de s'y intéresser par le souvenir des conquêtes nazies. L'Angleterre a choisi, depuis 1941 et l'entrée en guerre de l'Amérique, la sujétion aux États-Unis. Seule la France n'avait pas renoncé ; l'Afrique, le monde arabe comptaient pour elle. Ce temps est fini avec Bruxelles.

La France ne conçoit plus d'intervention militaire que dans le cadre de l'OTAN, c'est-à-dire sous commandement américain. Elle transforme son armée de conscription citoyenne et tous azimuts en une force d'appoint de l'US Navy.

La politique extérieure de la France fut la même de Richelieu à de Gaulle. La France européiste l'a balancée par-dessus bord. Il serait donc temps maintenant de fermer les ambassades et de supprimer le Quai d'Orsay. Il en résulterait de sérieuses économies qui feraient tant plaisir à M. Duisenberg. La France de De Gaulle embêtait les États-Unis ; ils n'ont plus de soucis à se faire.

Le système européen impotent ne saurait avoir une politique à l'égard du reste du monde. Seuls comptent les compagnons du CAC 40. Faute d'être une vraie nation, l'Europe ne peut avoir de diplomatie. Les intérêts des peuples sont trop divergents. L'Allemagne regarde vers l'Est et l'Angleterre vers l'Ouest.

« La politique d'un État est toute dans sa géographie », disait Bonaparte. Il y a trop de géographies opposées sur le continent. Un Finlandais ne sera jamais concerné par l'Algérie, comme peut l'être un Français. Et pourtant, la politique extérieure concerne aussi la démocratie : que l'Algérie explose et nous en recevrons les éclats.

Les États-Unis, au contraire, se moquent de l'Algérie. Pour complaire à leur protectorat saoudien, ils ont partout soutenu l'intégrisme musulman et porté l'effroyable régime des Talibans au pouvoir en Afghanistan. Ils en déplorent aujourd'hui le terrorisme. Il fallait peut-être y penser avant. Ils défendent dans le monde arabe leurs intérêts pétroliers

119

ou les intérêts israéliens, ce qui les a menés à la guerre du Golfe, avantageuse certainement pour leur empire, mais désastreuse pour la France (et pour l'Europe).

En Afrique noire, ils ne s'intéressent qu'aux richesses minières.

Leur seul vrai voisin est l'Amérique latine.

L'Europe, au contraire, est concernée par le monde arabe et l'Afrique. Mais le système européiste est d'abord un abandon de ces univers si proches de lui.

Dans le domaine économique, on constate le même renoncement. Seule, en Europe, la France était capable d'assurer la maîtrise des techniques industrielles qui définissent aujourd'hui l'influence d'une nation : le nucléaire, l'aéronautique, le spatial.

Sans elle, il n'y aurait pas aujourd'hui d'aéronautique ni de spatial européens. Or, Ariane et Airbus sont aujourd'hui devenus de redoutables concurrents pour les fabricants américains.

Le renoncement à ces ambitions est pourtant inscrit au cœur du projet bruxellois de libre concurrence. Pour de spécieuses raisons écologiques à la Cohn-Bendit, le démantèlement du nucléaire est déjà commencé. Non polluant, le nucléaire pose des problèmes de sécurité mais moins que l'industrie chimique allemande. EDF, première entreprise d'électricité du monde, est menacée.

Quant à fabriquer des armes en commun, ce qui leur serait facile, les Européens, qui ne veulent plus d'armées autonomes, ont pour premier souci d'acheter des avions américains.

La sujétion mentale envers les États-Unis est tellement forte chez nos dirigeants qu'elle rend vaine et mensongère toute prétention à l'indépendance.

Elle rend vaine aussi la démocratie.

Périclès avait compris, dès l'Antiquité, que ce modèle ne peut se construire dans la sujétion de la Cité.

Les citoyens des pays européens ne peuvent rester des hommes libres s'ils renoncent à peser sur les affaires du monde et donc sur leur propre avenir. La liberté ne se divise pas.

On ne saurait rester libre, à l'intérieur, quand on y a renoncé à l'extérieur. C'est la leçon que l'on peut tirer du régime de Vichy, la leçon positive de notre bel hymne national, tellement décrié par les soixante-huitards imbéciles : « Aux armes, citoyens ! »

Dans l'Union, la France se trouve de plus en plus isolée, ridiculisée, critiquée. Son rêve d'une politique mondiale ? Absurde, murmurent Néerlandais et Portugais.

La mondialisation implique donc en fait pour l'Europe, et pour la France, le renoncement au monde.

Le système impotent qui est en train de se construire en notre nom ne garantira pourtant aux citoyens des pays d'Europe pas plus la paix intérieure que la paix extérieure.

L'explosion sociale

A cause des missions de la BCE (l'eurobundes-bank), l'euro sera une monnaie forte. Il est probable qu'elle sera surévaluée. De par leur statut, les banquiers européens ont le devoir de se soucier seulement de la stabilité de la monnaie. Cette conviction fut, jadis, celle de Salazar. Avec la monnaie la plus forte du monde, et la plus stable, l'ancien dictateur portugais mena tranquillement son pays à la ruine industrielle.

Comment ne pas évoquer devant la figure de ce professeur à l'université de Coimbra, celle d'un autre professeur, Raymond Barre ? Certes, l'ex-Premier ministre respecte les Droits de l'homme, mais fut-il pour autant tout à fait démocrate quand il a engagé les Français, avec Giscard d'Estaing, dans l'engrenage européen ? Notons que lui aussi est passé par Bruxelles. Il fut, on a tendance à l'oublier, Commissaire européen dans les années 70.

La BCE risque donc d'obtenir dans l'Euroland les mêmes résultats qu'obtint jadis Salazar au Portugal. La Révolution des œillets [1] n'aura servi à rien. Évidemment, la stabilité de la monnaie n'est pas forcément une mauvaise chose en soi. Elle est même excellente pour les épargnants. Les grandes entre-

---

1. Renversement de la dictature au Portugal et établissement de la démocratie.

prises peuvent l'apprécier aussi, parce qu'elles gagnent davantage en Bourse qu'en augmentant leur production ou leurs ventes. La seule variable d'ajustement étant, dans le système, l'emploi, elles sont conduites à diminuer sans cesse le nombre de leurs salariés. On dit « dégraisser ». Les directeurs du personnel, aujourd'hui nommés, par antiphrase et dérision, directeurs des ressources humaines, ont, dans le système de l'euro, plus de galons à gagner en licenciant qu'en recrutant.

Mais les PME, toutes ces petites et moyennes entreprises, elles, ne sauraient aimer, sans aveuglement, la monnaie unique.

Dans le système euro, un détenteur de capital a bien plus intérêt à faire fructifier son argent en Bourse qu'à créer ou diriger une entreprise, ce qui est un métier réellement fatigant, comparé à la finance.

En réalité, la doctrine de l'euro est profondément malthusienne ; produire moins, faire moins d'enfants, prendre moins de risques. La seule justification de cette idéologie idiote ? Elle dégagera du profit. Mais ce n'est vrai qu'à très court terme. La récente crise boursière l'a bien prouvé. Le terme long ou moyen n'intéresse pas les eurobanquiers.

Décidément, toute idéologie, qu'elle soit marxiste ou libérale, se révèle dangereuse pour l'économie réelle.

Malthusienne aussi, l'obsession du déficit budgétaire !

Tendu vers l'équilibre, un budget est en réalité

une nécessaire convention comptable, dans le cadre de laquelle il est impossible de rien entreprendre. Napoléon III aurait-il pu faire construire les chemins de fer ou le canal de Suez dans le cadre des 3 % du déficit budgétaire autorisé ? Son époque révérait pourtant les grands banquiers. Il faut croire que les frères Pereire avaient plus d'intelligence économique que les frères Trichet-Tietmeyer.

Malthusienne, la peur de la jeunesse !

Les eurocrates sont tellement craintifs qu'ils en viennent à se réjouir de la diminution annoncée du nombre des jeunes gens en Europe, sous le prétexte que cette diminution du nombre des demandeurs d'emploi potentiels fera diminuer le chômage. Ils soulignent que s'il existe davantage de chômeurs jeunes en France que dans les autres pays, c'est parce que les jeunes gens y sont plus nombreux qu'ailleurs. Les imbéciles ! Ils n'ont pas compris le principe fondamental de Keynes selon lequel seule la demande des consommateurs crée l'emploi.

Les jeunes gens sont peut-être demandeurs d'emploi, mais ils sont aussi d'immenses consommateurs potentiels, surtout quand ils se mettent à leur tour à engendrer des enfants. Appartements, appareils ménagers, besoin d'écoles. Par leur pression dynamique sur les entreprises, ils créent beaucoup plus d'emplois qu'ils ne vont en demander eux-mêmes sur le marché du travail. On rougit d'avoir à rappeler ces évidences à nos européistes.

Ils ont une excuse, comme l'a souligné Emmanuel

Todd[1] : dans le système de l'euro, à cause de son immensité même, les grands patrons ne ressentent plus les salaires versés comme générateurs de consommation future. Ce sentiment que les salaires versés allaient déclencher la consommation, donc les ventes et finalement accélérer la croissance, fut le secret de Keynes et des Trente Glorieuses. Au contraire, les patrons de l'Euroland ressentent les salaires versés comme des dépenses insupportables qu'il faut lutter pour réduire.

Nous venons de toucher du doigt le secret du système :

On retrouve ici la notion de l'espace pertinent, de la zone optimale d'une monnaie : comme les États-Unis, l'Europe est un système presque clos qui commerce à 90 % avec elle-même. C'est d'ailleurs le seul argument valable en faveur de l'euro, bien qu'un système clos puisse fort bien s'accommoder de plusieurs monnaies.

On souligne aussi le rôle à venir de l'euro comme monnaie de réserve. Cependant, il s'agit là d'une lourde charge. Les États-Unis l'assument parce qu'ils sont un grand État, un grand empire, une grande armée, un vrai pouvoir politique.

Je doute que le système impotent de Francfort en soit capable.

Ce système ne serait pas mauvais pour la Suisse et, de fait, la petite Suisse est un grand refuge de capitaux. Mais l'Europe a d'autres obligations,

---

1. *L'Illusion économique*, Gallimard, 1998.

125

d'autres difficultés de par sa taille ; et si les gnomes de Zurich ont pu venir à bout de la tâche, ceux de Francfort en seront par nature incapables, surtout à l'heure des crises asiatiques.

Pour le reste, je ne vois aucun avantage à l'immensité d'une zone monétaire, hormis pour les gogos qui n'auront plus le terrible travail de changer leurs francs en lires.

Car l'euro aura l'immense inconvénient de déconnecter la monnaie d'avec le politique. Ce qui, contrairement aux idées absurdes des libéraux, ne saurait se faire et ne s'est jamais fait : les grands capitalismes historiques, tous, ont été fondés sur de grands États, États-Unis, Grande-Bretagne, Allemagne, France, Républiques italiennes de la Renaissance. Dans tous ces pays, l'édification d'un État et l'installation de la monnaie sont allées ensemble. On nous a seriné les vertus de l'euro. A peine créé, il allait apporter stabilité, prospérité, bonheur. Et qu'avons-nous vu en octobre 1998 ? Un effondrement de la Bourse. Il paraît que sans l'euro, la situation aurait été pire. Ces incantations, en vérité, n'ont plus prise sur le réel. Voilà une évolution inquiétante.

Nous l'avons souligné, les Américains d'aujourd'hui soumettent leur Banque fédérale au strict contrôle de mécanismes de leur démocratie. Ils ne craignent pas l'afflux de la jeunesse. Ils n'ont aucune obsession monétaire. Leur dollar varie au gré des circonstances.

Par aveuglement, l'euro va produire de la déflation et du chômage.

Avec leur obsession de la stabilité, nos « gnomes » européens font irrésistiblement songer aux médecins de Molière dans *Le Malade imaginaire* :

« *Quae sunt remedia in economica ?* » « Quels remèdes en économie ? »

« *Clysterium donare, postea seignare, ensuita purgare.* »

Ce qu'on pourrait traduire par donner le clystère de l'austérité, dégraisser les entreprises, chasser les déficits. Cela se passait en 1673.

Et tous les barbons de droite ou de gauche reconvertis dans l'européisme, du libéral Madelin au socialiste Jospin en passant par le gaulliste Chirac, avec l'assentiment de M. Colombani, directeur du quotidien *Le Monde* et grand gourou de la pensée convenable, de s'écrier : « *Bene, bene, bene, bene respondare. Dignus est intrare in nostro corpore.* » Toute attitude frileuse serait ainsi proscrite.

On devrait en rire, mais c'est difficile. Le chômage est un cancer social. Le chômage, s'il fait monter la Bourse, ronge les nations.

Bientôt les médecins de Bruxelles vont peser sur les gouvernements, afin qu'ils en réduisent l'indemnisation. C'est déjà le refrain de Tony Blair. C'est aussi le dernier domaine que, pour l'instant, le système européen daigne abandonner aux gouvernements et Parlements nationaux : la gestion des affaires sociales (comme on dit chez nous).

Cela ne durera pas. L'*ubris* (la démesure) guette les frères Trichet, Tietmeyer, Duisenberg. Ils feront des erreurs, auront des exigences de plus en plus douloureuses pour les salariés et les gens modestes.

Alors, éclateront de nouvelles jacqueries.

Les « jacques » étaient jadis les paysans, les jacqueries, leurs révoltes sanglantes et vaines. Aujourd'hui, dans l'Euroland, il faudrait plutôt parler de banlieuseries.

Des révoltes de quartiers, barbares, souvent justes, toujours désespérées, non encadrées par les syndicats, éclateront si les choses continuent au même rythme europhile. Ces révoltes ne trouveront peut-être pas le chemin de Bruxelles ou de la banque de Francfort, encore moins celui de la Cour de justice de Luxembourg, dont l'existence est inconnue des jeunes des quartiers défavorisés.

Ces soulèvements peuvent cependant ravager de l'intérieur nos villes et nos campagnes, plus gravement que les jacqueries du passé [1]. Elles pourraient, faute de gendarmes du roi, ne pas rester sans effet. Il est inimaginable, sauf dans les rêves des golden boys, que les circonstances soient longtemps favorables à l'euro et à ses banquiers ! *L'Horreur économique* (livre critiqué, au titre pertinent, de Viviane Forrester) [2] resurgira comme l'imprévu dans la vie des nations.

Il y a de bonnes occurrences, il en est aussi de

---

1. Les violences, incendies de voitures, pillages commis par les casseurs de banlieue à l'occasion des manifestations lycéennes d'octobre 1998 à Paris en sont un avant-goût.

2. Fayard, 1996.

mauvaises. Quand ces dernières reviendront, inévitablement (encore une fois, il ne s'agit pas de pessimisme, mais de météo), compte tenu du fait que, dans l'Euroland, il ne subsistera plus de vrai pouvoir politique, ni national ni européen, pour les affronter, elles emporteront l'euro.

Rien ne résiste à la violence, si ce n'est l'État démocratique.

L'explosion culturelle

Les sociétés humaines connaissent bien d'autres imprévus que ceux liés à la lutte des peuples ou aux mouvements de l'économie.

En mai 1968, les « fondamentaux[1] » de l'économie française étaient bons : plein emploi, forte croissance.

Cependant, quelque chose se préparait. Seul un journaliste lucide en eut le pressentiment dans un éditorial prophétique du *Monde*; Pierre Viansson-Ponté titra en mars 1968, juste avant les événements : « La France s'ennuie. »

Il avait raison à ceci près que ce n'était pas la France qui s'ennuyait mais ses étudiants. Les gens se trouvaient alors plutôt heureux, mais les étudiants, en ce temps pratiquement tous filles et fils

---

1. On nomme « fondamentaux » les principaux indices économiques statistiques : commerce extérieur, déficit, croissance, inflation, etc.

de bourgeois, en avaient assez du monde de papa. C'était d'ailleurs un phénomène général : on constatait des troubles étudiants dans l'ensemble des sociétés industrielles développées, baptisées par eux sociétés de consommation ; au Japon, en Californie, à Berlin (consommation à laquelle les ouvriers participaient encore peu, cependant). En France, conjugué à la mémoire, vivace alors, des révolutions passées, 1917 à Petrograd, 1871 et 1848 à Paris, ce désenchantement prit les allures d'une insurrection qui déstabilisa l'État. Aujourd'hui, les grands médias sont presque tous dirigés par des quinquagénaires, anciens combattants de 68.

A cause de cela, trente ans après 68, au mois de mai 1998, ce furent dans la presse parisienne trente jours d'autocélébration narcissique, de récits transfigurés. Je pense n'avoir jamais lu, même après la Seconde Guerre mondiale, de tels panégyriques.

Mai 68 eut de l'importance, je viens de souligner qu'il déstabilisa l'État ; je vais montrer que sa responsabilité culturelle est impliquée. Mais n'exagérons rien : ce n'était pas l'*Iliade*. Ce ne fut pas la Résistance.

Le slogan « CRS SS » était mensonger. Les étudiants de 68 risquaient seulement des coups de matraque. En face de vrais SS, et simplement des soldats de la Wehrmacht, leurs aînés qui, le 11 novembre 1940, allèrent ranimer la flamme sous l'Arc de Triomphe, furent accueillis à coups de fusil ! Au contraire, on ne compte pas de morts chez ceux de 68 (à l'exception d'un étudiant d'extrême droite) qui se contentèrent, pour leur part, de pisser sans risque sur la tombe du soldat inconnu.

Il faut dépasser l'agacement suscité par ces auto-célébrations impudiques et quelque peu ridicules pour reconnaître que les événements de 68 eurent des conséquences importantes.

D'abord culturelles : les idées – réanimées par la Résistance et issues de la Révolution de 1789 et des Lumières du XVIIIᵉ siècle – de République, de Nation, de civisme, de Bien commun furent rempla-cées par un marxisme revisité qui cachait mal un individualisme libertaire.

Il ne fallut pas six ans à cet individualisme liber-taire pour se transformer en individualisme libéral.

En 1974, paradoxalement, l'élection du Président Giscard d'Estaing marqua le triomphe véritable et à peine différé des idées de Mai.

Quand le Bien commun et la République ont été évacués, il ne subsiste que l'individualisme, lequel, à l'exception de quelques héros, martyrs et saints (le post-soixante-huitardisme en comptera), finit en général par s'identifier avec le profit. Des pavés de Saint-Michel aux OPA boursières, le pas fut vite franchi.

Quand la loi disparaît sous la raillerie, la jungle apparaît.

Ne soyons pas angéliques, la loi, faite par les let-trés, n'est pas au service des pauvres en particulier ; elle les défend cependant et leur assure une certaine égalité en tant que citoyens. Sans les codes règne, on peut le constater partout, la loi de l'argent. Le triomphe des hommes de loi, des *lawyers*, est le signe que la loi ne sert plus qu'aux riches qui seuls peuvent payer les faramineux honoraires des avocats américains. Nous marchons sur ce chemin : le règne du fric et des avocats. Sans la loi, les pauvres sont de plus en plus pauvres. Et puis il y a le suffrage universel. Il est à l'évidence en voie de disparition.

Les révoltés de 1968, portés par la doctrine marxiste des minorités agissantes, dépités par les réticences des ouvriers, ont méprisé ce qu'ils appelaient la démocratie formelle.

Leur slogan : « Élections, pièges à cons », exprimait ce mépris-là. Trente ans plus tard, devenus européistes et alliés aux fédéralistes fondateurs, ils ont réussi à retirer, par le système européen, toute valeur au suffrage universel. Il faut le dire, le répéter, le crier partout car l'idéologie dominante se garde bien d'évoquer le sujet.

Les slogans gauchistes expriment finalement assez bien aujourd'hui la triste réalité de l'Europe libérale.

Cela s'est fait sans que le peuple en ait eu conscience, au nom de la paix, de la liberté, de l'ouverture (opposée à la frilosité), de l'internationalisme. Un chef-d'œuvre de manipulation, mais encore davantage (il ne faut pas être parano) de bonne conscience ; ceux qui sont intoxiqués en effet par l'idéologie libertaire ➤ libérale ➤ financière étant intimement persuadés d'être de grands démocrates !

Les conséquences politiques ont été aussi importantes.

En Mai 68, les communistes français furent obligés de déclencher la grève générale dans les usines afin de noyer les étudiants sous les masses. L'État faillit s'écrouler. De Gaulle prit l'hélicoptère vers Baden-Baden en Allemagne. Cependant, la réapparition du Général conforta provisoirement le gouvernement. Pompidou put, rue de Grenelle, négocier avec les syndicats.

La crise se régla comme une crise sociale habituelle : augmentation massive des salaires suivie, l'année suivante, d'une dévaluation.

Dans l'actuel système européen, cette sortie de crise serait impossible. Aussi bien politiquement que syndicalement. Là est le danger.

Politiquement, la disparition du président de la Commission européenne, Jacques Santer, ne provoquerait évidemment aucun suspense. Sa réapparition non plus !

Sur le plan syndical, aucun gouvernement de l'Union n'aurait aujourd'hui le droit d'utiliser les remèdes qui permirent à Georges Pompidou de gagner les élections législatives et à son successeur, Couve de Murville, de reprendre la main. Une augmentation des salaires est inimaginable ; une dévaluation compétitive sévèrement interdite.

Autrement dit, les gouvernements, seules réalités politiques en Europe, seraient maintenant incapables de résoudre ce genre de crise imprévisible.

Impossible de dire si de nouveaux Mai 68, de nouvelles secousses culturelles, progressistes ou intégristes se produiront et quelle sera leur forme. Cependant, à celui qui réfléchit sur l'Histoire, ces secousses paraissent fort probables, à Paris, à Berlin ou à Moscou.

Quant à la crise financière, elle plane évidemment sur l'Europe. Or, derrière une crise financière il y a toujours une crise politique. Les marchés, en dernier recours, n'ont vraiment confiance qu'en l'État. Le krach de Moscou de l'été 1998 le démontre : c'est la disparition quasi totale de l'État russe, en particulier le recouvrement désastreux des impôts, qui a déclenché la panique boursière.

Que feront dans le cas où ces scénarios de l'explosion se produiraient, tous ces fonctionnaires à la faible légitimité, qui règnent si satisfaits d'eux-mêmes à Bruxelles, Francfort ou Luxembourg ?

Wim Duisenberg va-t-il demander à Otmar Issing d'envoyer la troupe ? Va-t-il adjurer son responsable de la communication, Manfred Körber, de s'adresser par la voie des ondes, comme de Gaulle en 68, aux peuples mécontents ? La Cour de justice va-t-elle déclarer les citoyens hors la loi ?

Même en cas de crise purement financière, les « gnomes » n'auraient guère de capacité d'intervention. Car, contrairement aux craintes de l'économiste Jean-Jacques Rosa, auteur d'un ouvrage consacré à *L'Erreur européenne*[1], il n'y aura jamais de véritable État européen. Nous verrons que le système, fort habile à détruire les États existants, se révèle incapable de construire. Reste l'État américain qui ne saurait suffire à tout.

La conclusion s'impose.

A la première crise civile, sociale, même financière, l'euro explosera. Avoir prévu un système tel que celui de Francfort est une naïveté que l'on dirait rousseauiste, si elle n'était fondée sur le culte déraisonnable du profit à court terme.

Il y a derrière ce projet fou une erreur idéologique : la haine de la Nation et de son État constitue les vraies passions qui menèrent les Pères fondateurs de l'Europe, au-delà de l'argent et du culte du marché. C'est en cela qu'ils ont été rejoints par les soixante-huitards notabilisés.

La déconstruction des États-Nations est la logique cachée de l'Union. Cela lui retombera sur la tête. Sur les nôtres également, malheureusement.

L'idée généreuse de la construction européenne serait alors compromise pour des siècles.

Car, nous le verrons, il pourrait y avoir une autre manière, respectueuse, elle, des réalités, de la démocratie et du suffrage universel, de construire, entre ses vieilles nations, une véritable Europe.

---

1. Grasset, 1998.

VIII

Les européistes aveuglés

Les européistes ne méconnaissent pas totalement les risques d'explosion de l'Union. Ils répondent invariablement que pour faire face à ces risques, il faudrait davantage d'Europe. Cette réponse est un aveu : il n'existe aujourd'hui ni gouvernement ni démocratie responsables sur notre continent.

Cette réponse est aussi une illusion : contrairement à leur opinion, construire en Europe un pouvoir politique digne de ce nom est impossible.

Quand le système fonctionne mal, les européistes ne songent jamais à s'arrêter un instant pour réfléchir – à l'exemple des ingénieurs européens du spatial qui n'hésitent pas, au moindre soupçon, à suspendre le compte à rebours de la fusée Ariane de Kourou. Au contraire, tels des ingénieurs fous, eux accélèrent encore l'allure.

Il leur faut « davantage d'Europe », encore plus de système ; comme Gribouille se jetant à l'eau pour éviter la pluie, ils traitent le mal par le mal : encore plus d'euro et de fonctionnaires bruxellois.

La voie politique, qu'on pourrait appeler fédérale, dont on nous parle si souvent, n'est, hélas, pas praticable. Pourquoi ? C'est ce que nous allons voir.

La nécessaire adhésion affective

Le pouvoir politique ne saurait se passer d'adhésion. Quand ce consentement vient à manquer, le pouvoir s'écroule dans l'heure, fût-il dictatorial. Il est difficile pour les démocrates d'admettre que les dictatures qui ont duré devaient beaucoup à l'adhésion des peuples. On l'a constaté pour Hitler, Mussolini ou Franco, mais ils ne sont pas les seuls.

Même dans une dictature, on ne peut réprimer que les minorités. Les dissidents, en ex-URSS, aussi héroïques et perspicaces qu'ils aient été, étaient loin de représenter la majorité de la population. C'est explicable. Les forces de répression font partie des peuples et en partagent les émotions. Que peut le dictateur quand sa secrétaire ne lui obéit plus ? Quand le chef de ses services secrets exécute mollement les ordres ? Quand ses dauphins complotent contre lui, comme ce fut le cas récemment en Indonésie avec Suharto ? L'obéissance est une adhésion, toujours mystérieuse. Une seule exception : l'occupation par une armée étrangère, précisément parce que cette armée ne fait pas partie du peuple opprimé.

Quand ce n'est plus le cas, le pouvoir le plus fort disparaît comme un songe, si le peuple lui retire sa confiance. On vit, en 1989, l'effondrement du régime soviétique que beaucoup d'intellectuels en Occident jugeaient indestructible alors que les apparatchiks eux-mêmes n'y croyaient plus.

Cela sera encore plus vrai pour le despotisme mou du système européen, respectueux de droits de l'individu certes, mais pas de ceux du citoyen et par nature oligarchique.

Pour le moment, les citoyens n'ont nullement conscience d'être dépossédés de leur droit de vote. Attendons de voir ce qui arrivera quand la prise de conscience, accélérée par l'arrogance croissante des eurocrates, se fera.

C'est ici que la réponse fédérale révèle sa vacuité.

Aucun gouvernement ne saurait se passer d'un lien affectif fort. « Les grandes affaires humaines, écrit de Gaulle, ne se règlent pas seulement par la logique. Il y faut une atmosphère que seule peut créer l'adhésion au sentiment. »

Or, jusqu'à aujourd'hui, la Nation est le seul cadre dans lequel on a réussi à situer le pouvoir politique. C'est déjà un niveau éloigné des citoyens mais suffisamment « affectif » pour fonder leur consentement.

Au-dessus de ce cadre national, il n'y a que l'empire, je veux parler des empires qui furent soutenus par une certaine légitimité populaire, l'Empire romain ou l'Empire autrichien.

La Nation est la projection la plus aboutie de la Cité antique. Toutes les formes possibles du gouvernement, de la tyrannie (Syracuse), à l'oligarchie nationale (Venise), en passant par la royauté

(Sparte) et la démocratie (Athènes), furent expérimentées dans la Cité. Le civisme, la civilisation doivent tout à la Cité, ces deux mots latins étant formés d'après son nom romain ; le nom grec polis ayant donné police aussi bien que politique.

Les grandes nations, Angleterre, France, ont surgi à l'aube des temps modernes. En quelques siècles, elles entraînèrent, comme la Cité, une forte adhésion des citoyens. Pourtant, elles dominent un territoire mille fois plus étendu que celui de la Cité. Les nations ont réussi un prodige historique, souligné par l'historien Pierre Chaunu : capter, dans un espace multiplié par mille, la ferveur que les citoyens de l'Antiquité grecque vouaient à un État dont ils pouvaient apercevoir l'Acropole, depuis leur jardin.

Est-il possible d'aller plus loin ? Les empires l'ont fait mais par un usage intelligent de la force. C'est la Légion qui fit l'Empire romain, la cavalerie autrichienne, celui des Habsbourg. Leur unité fut moins solide.

L'expérience semble montrer que l'affectivité, la relation entre les peuples et leur gouvernement rencontrent de strictes limites. Les nations modernes ne sont-elles pas au maximum du lien social qui permet à la politique d'exister ?

Les États-Unis, de ce point de vue, ne constituent nullement une exception. Il s'agit d'une nation très classique, avec drapeau, hymne et patriotisme.

Chez nous, le débat sur ce sujet s'est ouvert en 1992, lors du référendum sur Maastricht ; le Président de la République, François Mitterrand, a affronté à la télévision Philippe Séguin, alors eurosceptique convaincu et défenseur de la légitimité nationale.

Séguin opposa un argument fort à Mitterrand. Pour que la démocratie soit possible, faisait-il remarquer, une chose est absolument requise : que la minorité se plie à la loi de la majorité électorale. Cela se réalise dans le cadre de la Nation. Est-ce pensable dans celui de l'Europe ? Imagine-t-on les Siciliens se soumettant sans rechigner aux décisions des Danois, soutenus par un vote européen majoritaire, ou réciproquement ?

J'en suis persuadé : seule la Nation rend acceptable pour la minorité la loi de la majorité ; elle est donc le cadre nécessaire, incontournable de la démocratie. Au niveau des provinces ou des villes, ne se noue plus aujourd'hui le faisceau des liens politiques. Une Europe des villes ou des régions serait tribale, l'ordre ne pouvant être maintenu que par une puissance extérieure (l'Amérique). Mais n'est-ce pas là le vœu secret des européistes ?

Pourrait-on trouver encore de l'adhésion populaire en élargissant ce cadre ? Je n'y crois pas. Souvenons-nous de la fin du discours du général de Gaulle, face aux barricades d'Alger, de son exorde : « Eh bien ! mon cher et vieux pays, nous voici donc ensemble, encore une fois, face à une lourde épreuve. »

Et les Français de pleurer ! J'ai entendu ce discours dans un café populaire, porte de la Chapelle à Paris ; les consommateurs reniflaient. Quel homme politique pourrait aujourd'hui parler ainsi sans se couvrir de ridicule ? Ces sentiments seraient-ils considérés comme ringards par le peuple ? Nullement. La vérité c'est que la plupart des hommes politiques, en comédiens médiocres de sitcom qu'ils sont devenus, ne donneraient pas une seconde l'impression d'y croire.

Quant à transposer ce discours au niveau européen en cas de crise, ce serait forcément comique. Imagine-t-on Jacques Santer, le transparent président de la Commission, exhorter les foules : « Chers Européens, nous voilà, avec cette crise de l'euro, une fois de plus face à l'adversité » ? Et les Danois, les Français, les Portugais d'en rire...

L'espace national est de surcroît un espace « laïc », c'est-à-dire lié au gouvernement de la Cité. Au-delà de lui, dans l'ordre affectif, on trouve seulement les grandes idéologies et les religions reconnues.

Il faut se garder de mélanger ces forces-là avec la politique. Le communisme fut une grande religion athée nourrie d'espérance. Son identification avec la politique suscita les goulags.

Le christianisme a inventé la distinction du temporel et du spirituel ; quand il l'oublia, ce fut l'Inquisition. La faiblesse de l'islam est de n'avoir su, jusqu'à ce jour, séparer le politique du religieux en inventant de vraies nations.

Or, il n'y a pas d'espace affectif européen, parce

qu'il n'y a pas de nation européenne ni de peuple européen.

Jusqu'à aujourd'hui, la Nation a incarné ce lien affectif entre le peuple et le gouvernement. Au-delà de cette relation magique, si l'on écarte la domination militaire impériale, on peut penser à une coopération entre les nations ; pas à autre chose. La grande illusion des européistes fous est de n'avoir jamais réfléchi en profondeur à ce qui constitue les fondements du lien social. Le système européen, qui n'a évidemment ni réalité affective ni légitimité, n'en aura pas de sitôt.

On a donc fabriqué de toutes pièces une machine administrative, Bruxelles plus Luxembourg, et une monnaie, l'euro, sur du sable.

Qui usera de la force légitime ?

On risque aussi de s'en rendre compte au premier conflit. Jusqu'ici, le système européen s'en remet à l'OTAN dès lors qu'il s'agit d'actions militaires extérieures. Fort bien.

Mais en cas de guerre à l'intérieur même du continent, l'Europe a, de tout temps, appelé les États-Unis à son secours. On l'a vu lors des deux guerres mondiales, pendant la guerre froide et, plus récemment, à propos de la Bosnie et de Sarajevo. Or les États-Unis, s'ils exercent un imperium de fait, n'ont pas de vraie tradition du bien commun impérial, comme ont pu en avoir Rome, l'Autriche, l'Angleterre ou la France coloniales.

Ils ont au contraire une solide tradition isolationniste.

A cause de cela, ils hésiteront de plus en plus à se mêler de nos querelles continentales. Ils n'enverront plus leurs « boys » pour nous. Nous ne saurions le leur reprocher.

Le problème ? L'Euroland, censé résoudre toutes nos difficultés, ne dispose d'aucune force armée. Pour Machiavel[1], « aucun État, aucun Droit ne peut exister sans le recours possible à une force légitime ».

Nous retrouvons ici ce que j'appellerais « le rousseauisme économique » des libéraux européistes. Ils rêvent de lendemains qui chantent et de paix universelle, ils ont tort. Ce ne sont pas les marchés qui font régner la paix mais la dissuasion d'une force militaire tenue en main par une autorité politique reconnue.

Alexandre Adler, ex-soviétologue, membre autrefois des Jeunesses communistes, reconverti en eurologue amateur, dans un article[2] par ailleurs brillant, compare l'Union européenne à l'ancienne Autriche-Hongrie. La comparaison ne vaut pas. Bien sûr, en Europe comme dans l'ex-Empire d'Autriche, existent plusieurs nations, mais il y a une différence essentielle. Dans ce grand État que Robert Musil a

1. *Le Prince*, 1521.
2. *Le Monde*, 22 juillet 1998.

surnommé pour toujours « la Cacanie[1] », existait une armée impériale, respectée de toutes les ethnies pour les services qu'elle avait rendus contre les Turcs. Et cette force armée, qui s'est encore battue en 14-18, était soumise à l'autorité légitime de l'empereur, à qui on obéissait pour les mêmes raisons. La dislocation de l'Autriche-Hongrie en 1918 est un terrible avertissement pour le système européen. Et pourtant, l'Autriche, Empire plusieurs fois séculaire, avait ce qui manquera toujours à l'Union européenne, un vrai pouvoir politique, une armée. Qui réfléchit à ce précédent ? Qui en tire les conséquences ?

A tout prendre, il aurait mieux valu, pour construire l'Europe, commencer par l'armée. C'est ce qu'on a essayé de faire dans les années cinquante, avec la CED, la Communauté européenne de Défense. Mais précisément, cela échoua en 1954 avec le vote négatif de l'Assemblée nationale française.

Cet échec est cependant compréhensible.

Quand on parle de force légitime, on parle de la possibilité pour un soldat d'avoir à sacrifier sa vie sur l'ordre d'un homme qu'il n'a jamais vu mais symbolise à ses yeux la légitimité. Le soldat habsbourgeois, qu'il soit autrichien, croate, tchèque ou hongrois, avait de l'affection pour l'Empire et du respect pour l'empereur, à cause des services rendus

---

1. A cause des premières lettres des mots allemands *Kaiserlich* (impérial) et *Königlich* (royal) : KK.

et des siècles écoulés. Mais qui voudrait mourir pour la Cour de justice de Luxembourg ?

Si les Américains sont capables de mourir pour leur Constitution, cela traduit simplement le fait que l'Amérique est une vraie nation et que son Président la représente.

Un soldat peut encore mourir pour la France et l'Angleterre. Quel soldat, même professionnel, acceptera de donner sa vie pour la Banque de Francfort ou la Commission de Bruxelles ? Pour Édith Cresson, Yves-Thibault de Silguy ou Karel Van Miert ?

Pierre-André Taguieff souligne cette réalité psychologique qui rend impossible une armée européenne : « Beaucoup de gens continuent de mourir pour leur patrie, constate-t-il, personne ne mourra jamais pour les identités postnationales [1]. » Toujours l'affectivité ! C'est désolant pour Alain Minc, mais c'est ainsi.

Comme l'atteste l'exemple de la Rome républicaine, les bons soldats sont ceux qui combattent *pro aris et focis* (« pour leurs autels et leurs foyers », « nos fils et nos compagnes », dit *la Marseillaise*).

Comment imaginer que les individus consommateurs de l'Union puissent combattre pour elle avec l'acharnement de l'ancien Spartiate, du poilu de Verdun, du Russe de Stalingrad, du résistant du Vercors, de l'Anglais d'El-Alamein, ou de l'Américain de Guadalcanal ?

---

1. *La République menacée*, Textuel, 1996.

Évidemment, j'imagine que ces évocations guerrières doivent faire sourire les européistes. Ils ont à nouveau tort. Jamais il n'a existé de droit, fût-il commercial ou financier, sans l'ombre portée de la force légitime. Gamelin aussi souriait en 1939 quand on lui parlait de l'Allemagne.

Imaginer un système désarmé, c'est, à terme, permettre à la violence (« la bête immonde », c'est elle) de se déchaîner ; le paradoxe c'est qu'on ne peut contenir la violence que par la dissuasion militaire.

Ainsi, quand il s'agit de démocratie souveraine ou d'emploi légitime de la force, il me semble impossible d'aller plus loin que la Nation.

L'Union ne pourra se transformer en une seule Nation. Il lui est impossible de devenir un empire. L'empire, c'est la domination d'une Cité sur les autres, d'une Nation sur les autres. Pour être acceptés, les services rendus par cette Cité, par cette Nation, doivent être grands. Ce fut le cas de Rome et de l'Autriche. Les empires coloniaux finirent par être contestés.

Aucune grande nation ne peut dominer l'Europe. Et surtout pas l'Allemagne, même celle de Schröder ; les autres ne l'accepteraient pas.

S'en remettre à l'Amérique n'est pas une solution plus raisonnable (outre qu'elle est indigne). Les États-Unis seront désormais de moins en moins concernés par nos crises internes. Ils n'interviendraient qu'une fois leurs intérêts essentiels menacés. Serait-il encore temps ?

L'économie ne mène pas le monde

En définitive, l'Europe d'Amsterdam repose sur un socle unique : l'économie, encore une illusion.

Les facteurs matériels liés aux mouvements financiers ou aux modes de production sont des aspects non négligeables de la réalité sociale ; ils ne sont pas les seuls ni même parfois les plus importants. Marxistes et libéraux méconnaissent l'Histoire et son poids.

Les Chinois du XVe siècle avaient exactement les mêmes capacités économiques que les Européens de la même époque. Pourquoi n'ont-ils pu mener chez eux les révolutions qui firent la fortune des nations d'Occident ? Pour eux, le changement était un péché. Il était inconcevable de faire les choses autrement que ne les avaient faites les ancêtres.

L'idéologie mandarinale rendit le progrès impossible. Les Chinois eurent beau inventer la poudre, ils n'en firent que des feux d'artifice. Au contraire, les Européens, animés par le messianisme judéochrétien, désiraient le changement. Avec la poudre, ils fabriquèrent des canons. Les idées et les passions mènent le monde davantage que les marchés. Par exemple, le patriotisme est un instinct puissant, comme la sexualité. La sexualité transformée en sadisme peut mener à torturer l'autre. A l'inverse, elle peut le servir. C'est l'amour courtois.

148

Le patriotisme a lui aussi plusieurs visages. Il peut se dégrader en xénophobie à la Le Pen. Il peut aussi s'exalter en ouverture sur le monde à la Hugo.

Nos grand-mères victoriennes ont cru se débarrasser de la sexualité ; elles ne firent que la refouler.

Freud nous a enseigné les dangers du « refoulement » et à quel point le « retour du refoulé » risque d'être barbare.

Le refoulement de tout sentiment national par l'empire communiste a conduit, au moment de la chute du mur de Berlin, à un retour trop souvent violent de vieilles appartenances méprisées. Sommes-nous les Ukrainiens ou les Ouzbeks de demain ? Le refoulement des patriotismes par le système européen est certes plus subtil. Est-il foncièrement différent ?

De la même façon que le système ne supprime pas les élections mais les débranche ; il ne condamne pas les patriotismes, se contentant de les ringardiser.

Le discours politique dominant, les manuels d'histoire sont là pour ça.

Remarquons que les vieilles nations historiques, la France ou l'Angleterre, ont été vaccinées, durement, contre ces maladies de l'impérialisme, de la xénophobie. Souvent ce sont d'antiques ethnies, privées des siècles durant de leur identité, qui ont resurgi, emplies de sauvagerie, comme on le constate dans l'ex-Yougoslavie. Dans leur illusion, les européistes sont des apprentis sorciers. Ils ne se rendent pas compte qu'en détruisant les démocraties historiques, ils risquent de fabriquer l'Europe impossible ou barbare. Et ce d'autant qu'ils sont incapables d'inventer par ailleurs un patriotisme européen. Même s'il y avait un pouvoir politique européen, il faudrait des siècles pour atteindre ce but. On ne bâtit pas un patriotisme par décret, encore moins avec les textes abscons de Maastricht ou d'Amsterdam.

L'illusion européiste rejoint parfois l'inculture.

Ainsi, pour démontrer la supériorité de l'euro sur les monnaies nationales, l'actuel ministre des Finances, Dominique Strauss-Kahn, se lança un jour (il n'occupait pas encore ce poste) dans une étrange comparaison : regardez, disait-il en substance, le ducat vénitien. Il a disparu mais est née la lire[1]. Quelques précisions : le ducat était la monnaie d'une ville, la lire celle d'une grande nation. La comparaison, ridicule, a de quoi inquiéter.

La lire ne fut, de surcroît, jusqu'à nos jours, qu'une monnaie peu appréciée. Au temps de la Renaissance, le ducat était, en revanche, le dollar de l'époque et la République de Venise, qui commerçait de la Baltique à la Chine, était d'ailleurs une plus grande puissance que ne le fut jamais l'Italie contemporaine.

Il a dû arriver à M. Strauss-Kahn de descendre le Grand Canal en vaporetto. Comment a-t-il pu ne pas voir, derrière les façades de marbre des palais, le commerce du Rialto, le gouvernement des doges, la

---

1. *Le Monde* du 15 mai 1992.

marine de l'Arsenal ? Certes, il n'est pas nécessaire d'être un érudit pour devenir ministre des Finances. Mais tout de même.

Tous les eurocrates ont-ils une telle méconnaissance du passé ? Ce n'est guère rassurant.

Et pourtant, l'Europe n'est pas comme le fut le continent nord-américain, une *tabula rasa*. Il a suffi aux pionniers de massacrer les Indiens pour se faire une place. Mais chez nous, qui seront les Indiens ?

L'Europe est un ensemble complexe de vieilles nations, d'histoires épiques, de grandes littératures et de fortes passions. Qui à Paris, à Bruxelles, à Francfort, s'en soucie ?

IX

Les hommes ne comptent pas

Les européistes qui méconnaissent le passé ne se soucient pas davantage des seules données qui puissent éclairer l'avenir, celles de la démographie. C'est bien dommage.

Science très développée en France, à cause de la création par une ordonnance de 1945, de l'Institut national d'études démographiques (l'INED), sous la direction d'Alfred Sauvy, la démographie est la seule science humaine dure, c'est-à-dire comportant des enseignements certains. Il demeure des incertitudes sur la natalité future, mais on sait par exemple (hors le cas de guerre mondiale ou d'épidémie) combien de gens mourront en France en 2011. De même, les pyramides des âges ont l'évidence des faits. Il n'empêche qu'on néglige de les étudier dans les grandes entreprises ou administrations, ce qui aboutit à d'absurdes politiques de recrutement ou de licenciement, en accordéon alors qu'il serait facile de prévoir à dix ans l'importance exacte des cohortes montantes.

Il est vrai que nos dirigeants, du public comme du privé, ont le nez dans le guidon. Le long terme pour eux, c'est six mois. Quant aux fonctionnaires du système européen, la démographie est le cadet de leurs soucis. Nous avons souligné à quel point l'idéologie du système est malthusienne.

Libéraux et soixante-huitards sont gens discrets, ils ne veulent pas intervenir dans la chambre à coucher des ménages. Quel tact. Ils n'ont pas compris, cela dit, que faire un enfant n'est pas seulement une décision intime, mais inévitablement un acte social. Si toutes les femmes de France décidaient demain, librement, de ne plus faire d'enfant, ou bien au contraire d'en faire chacune dix, cela poserait forcément des problèmes graves à la nation.

Aucune société, dans aucun système concevable, ne peut se dispenser de remplacer les générations[1]. Sinon la société implose.

L'important n'est pas le nombre absolu des hommes sur un territoire. La France pourrait compter vingt ou cent millions d'habitants, au lieu d'un peu moins de soixante. Ce qui compte, c'est le rapport entre jeunes et vieux. Seul un bon rapport jeunes-vieux permet la transmission de l'héritage culturel.

Quand il y a trop de jeunes gens et pas assez d'adultes, cas de l'Algérie, le passage de relais est difficile. Il l'est tout autant s'il y a trop de vieux et pas assez de jeunes, cas de l'Allemagne.

---

1. Pour remplacer les générations, il faut, dans l'état actuel de la médecine en Europe, 2,1 enfants par femme. Compte tenu des femmes sans enfant, que celles qui veulent ou peuvent en avoir en aient chacune deux ou trois.

Le remplacement des générations n'est pas un objectif moral ou idéologique, c'est une nécessité.

Démasquons les litotes. Quand on parle pudiquement de vieillissement de la population, on parle de dénatalité ; l'allongement de la durée de la vie humaine a un coût pour les assurances maladie mais une incidence démographique marginale.

Vieillissement signifie qu'il ne naît pas assez d'enfants pour remplacer les adultes qui meurent ; ainsi, la proportion des jeunes dans la population diminue et celle des personnes âgées augmente.

La démographie des pays de l'Union est assez diverse. Certains comme l'Italie (1,1), l'Espagne (1,2), l'Allemagne (1,3) ont des taux de fécondité extraordinairement bas, jamais connus dans l'Histoire. La France, tout en ne remplaçant plus ses générations depuis Giscard (bizarrement, beaucoup de courbes statistiques se sont inversées en 1974), compte encore pour quelques années davantage de naissances que de décès[1]. Mais cela ne devrait pas durer.

Or ces divergences importantes seront génératrices de tensions entre les pays. Dominée par une Allemagne sans jeunes gens mais riche de comptes d'épargne, la Banque européenne de Francfort va évidemment mener une politique de vieux rentiers, alors que la France devrait avoir une politique dynamique tournée vers les jeunes gens. Aujourd'hui, il

---

1. A cause de « l'inertie démographique ». Ce sont les classes creuses qui meurent et les classes nombreuses qui procréent.

naît en France, chaque année, deux cent mille enfants de plus qu'en Italie, avec la même population globale. Les intérêts démographiques, donc économiques, du groupe Angleterre, France, Irlande (indice de fécondité : 1,7 ou 1,8) sont très différents de ceux du groupe Italie, Espagne, Allemagne (indice de fécondité : entre 1,1 et 1,3). Cependant, nulle part en Europe, le remplacement des générations n'est plus assuré. Cela ne sera pas sans conséquences sur le dynamisme économique du continent. Les rentiers créent peu. Notons que les États-Unis remplacent, eux, toujours les générations. Ils restent un pays jeune. Il faudrait certainement une politique de la natalité dynamique en Europe, qui pourrait tenir compte du bouleversement des mœurs. Il n'est pas interdit d'agir intelligemment. Les femmes veulent avoir une vie professionnelle. Elles ne retourneront pas à la maison. Que les femmes désireuses d'avoir des enfants puissent le faire sans compromettre leur insertion sociale, voilà la clé d'une politique moderne de la natalité.

A défaut d'une telle politique, certains placent beaucoup d'espoir dans l'immigration. L'immigré est par ailleurs devenu le nouveau messie prolétaire que les belles âmes attendaient depuis la fermeture de l'usine de Billancourt.

L'immigration peut certes apporter un remède. Ce fut le cas en France. Mais ce n'est une solution que lorsqu'elle est assimilée par la population indigène, comme nous avons su le faire. Cela suppose

156

une tradition assimilatrice, celle de la France, pas celle de l'Allemagne. Et un droit de la nationalité adapté, en particulier le recours au droit du sol, pratiqué en France, mais refusé en Allemagne (les descendants de Turcs y restent turcs à la troisième génération) [1].

Cela suppose, contre l'angélisme de nos nouvelles « dames patronnesses », une maîtrise des flux migratoires. A rythmes mesurés, la rivière migratoire enrichit. Lorsque le rythme devient trop rapide, elle se transforme en inondation. Or, la substitution de populations ne contribue pas à la cohésion sociale.

Cela suppose enfin qu'il y ait sur place suffisamment d'enfants indigènes. Ce sont en effet d'abord eux qui intègrent les enfants venus d'ailleurs.

Quand il n'y en a plus assez, dans les écoles par exemple, il se passe ce que les belles âmes dénoncent : les enfants venus d'ailleurs ne s'assimilent plus.

A ce sujet, comme inspecteur général de l'Éducation nationale, j'ai pu constater la mauvaise foi presque digne d'admiration de ces belles âmes. Combien de partisans d'une immigration sans entraves et de défenseurs acharnés des sans-papiers sont venus me supplier de faire muter leurs rejetons d'une école de quartier peuplée de petits beurs, vers une école blanc de blanc du centre-ville !

Politique de la natalité ; politique de l'immigra-

---

1. Les sociaux-démocrates allemands ont promis de changer cela.

tion ; dans les deux cas, il s'agit de politique démographique.

Or, non seulement les politiques démographiques sont inimaginables par des hommes comme Wim Duisenberg ou Hans Tietmeyer – et l'ensemble de nos européistes –, mais encore la démographie (dont la France fut la terre d'élection) est le lieu où l'on voit s'exprimer, avec le plus de bêtise et de violence, la dérive malthusienne de l'idéologie à la mode. Un livre traduit, jusqu'à l'absurde, l'horreur qu'inspire la démographie à nos progressistes, un livre délirant intitulé *Le Démon des origines*[1]. Je n'en parlerais pas si son auteur n'avait été jadis, à l'époque où il menait sérieusement ses recherches il y a dix ans, un bon démographe qui dirigea longtemps *Population*, la revue de l'INED. Il s'agit d'Hervé Le Bras. Or ce libelliste passe encore aux yeux de certains journalistes pour le grand expert en démographie, à tel point qu'un hebdomadaire ne vit pas malice à consacrer une page entière à sa dernière production.

Ce livre est pourtant pure calomnie. Qu'on en juge.

Il y a quelques années, sur l'ordre du gouvernement socialiste du moment, avec de gros moyens financiers extérieurs à l'institution et sous la direction d'une chercheuse réputée, Michèle Tribalat, l'INED chercha à mesurer l'impact des différentes

---

1. Éditions de l'Aube, 1990.

immigrations sur la constitution de la population française.

Cette étude démontrait que dix millions de citoyens français avaient une origine étrangère. Elle fit grand bruit. Elle fut alors comprise par les médias pour ce qu'elle était ; un hymne au métissage. Et voilà qu'en 1998, Hervé Le Bras y voit la preuve flagrante du caractère raciste de la science démographique en général et de l'INED en particulier. On croit rêver !

Mais pour Hervé Le Bras, demander à quelqu'un, fût-ce pour les besoins d'une étude statistique, d'où sont venus ses grands-parents, constitue une démarche raciste. En forçant à peine le trait, on devine à le lire que, pour lui, désirer avoir des enfants est d'évidence un rêve xénophobe et anti-immigré.

Que de telles niaiseries soient écoutées par beaucoup de beaux esprits à la mode est cependant révélateur.

Nos idéologues européistes détestent, on l'a vu, le suffrage universel et le peuple ; ils détestent encore plus fondamentalement la vie.

Ils ressemblent aux golden boys, ces spéculateurs qui occupent les salles des marchés de la haute finance. Les golden boys américains ne sont pas hypocrites et ne craignent pas d'afficher leur slogan : *Double income, no kids*, « Double revenu, pas d'enfants » (qu'on résume en « DINK »). Nos belles âmes sont hypocrites. Heureusement, Hervé Le Bras est là pour leur donner bonne conscience.

Avec cette idéologie, point n'est besoin de

s'inquiéter de l'avenir du système européen. Système de vieux, dirigé par de vieux banquiers, détestant la jeunesse, l'Europe sera un continent de retraités. L'on espère seulement que les immigrés complaisants voudront bien pousser les fauteuils roulants.

Le lien social et l'anomie

Il apparaît donc à l'évidence que les européistes n'ont jamais réfléchi à ce qui constitue le lien social.

Le lien social est une force psychologique qui fait vivre les hommes ensemble. Comme les forces magnétiques ou nucléaires, le lien social peut être fort ou faible.

Il est différent selon les nations. L'Allemagne ou l'Angleterre sont des nations ethniques. La France, en revanche, est une nation politique, construite par la forte volonté du pouvoir parisien avec des ethnies diverses : germaniques (les Alsaciens), celtes (les Bretons) ou latines (les Provençaux).

En un sens, et on se demande alors pourquoi les européistes la détestent, la France est un résumé de l'Union européenne : anglaise en Normandie, allemande en Alsace, flamande à Lille, italienne en Provence, espagnole à Toulouse.

Mais il y a une différence de taille avec le système de Bruxelles. De quoi justifier les sentiments antifrançais des eurocrates : le pouvoir parisien fut, pendant mille ans, un vrai pouvoir politique. Et il a fallu des siècles

160

pour construire, à partir de cette volonté, un patriotisme français. L'avènement des Capétiens date de 987, le sentiment national chez les paysans s'exprime avec l'épisode de Jeanne d'Arc au XVe siècle.

Le système européen est trop faible pour créer du lien social entre le Finlandais et le Portugais. On peut douter, c'est un euphémisme, qu'il puisse jamais y parvenir, même avec les efforts de la direction de la communication de la BCE.

En attendant, on le voit surtout détruire les citoyennetés nationales. Il y a de sérieuses analogies entre les parlements d'Ancien Régime et les institutions de Maastricht.

Les parlements, où notables et magistrats de l'époque se cooptaient, se révélaient irresponsables. D'abord soucieux de préserver leurs privilèges, ils refusèrent ainsi toutes les réformes. Leur entêtement conduisit la France aux violences de la Révolution.

Les institutions du système européen manifestent la même arrogance élitiste. Craignons donc les futurs soulèvements.

Faire vivre les hommes ensemble est une espèce de miracle que les vieilles nations ont su réaliser non sans difficulté. Le lien social y est mémoire historique, vouloir-vivre en commun, projet d'avenir. Or, il n'y a pas de mémoire commune entre un Espagnol et un Suédois. Le vouloir-vivre ensemble est faible (au sens, nous l'avons dit, où l'on parle d'interactions fortes ou faibles en physique nucléaire). Le projet d'avenir est, de surcroît, plombé par le malthusianisme dominant.

161

Les européistes croient assurer la paix en dépossédant les États nationaux. Quel contresens !

Globalement dans l'Histoire, l'État fut un facteur de paix.

A chaque fois que la politique a disparu, ont resurgi le pillage et le sang. L'anarchie est plus meurtrière encore que les guerres. Cela s'appelle dans le *Petit Robert* (1994), « l'anomie » : « La disparition de l'organisation des lois et des valeurs communes à un groupe. » On croirait lire dans ce dictionnaire une description du projet maastrichtien – le système ayant pour activité principale de lutter contre l'organisation, les lois et les valeurs des États composant l'Union.

Sans État soutenu par une affectivité et incarné par une démocratie, c'est-à-dire légitime, on voit reparaître la lutte sauvage entre chefs de villages, entre caïds de quartiers. Les brigandages, le vol des semailles et l'insécurité empêchant les paysans de planter entraînent la famine, comme on le voit au Sud-Soudan, pourtant pays agricole fort riche. Le meurtre entre voisins, le viol sont effroyablement meurtriers. A Sienne, dans la salle du palais communal, on peut admirer une superbe fresque intitulée *Du bon gouvernement*. Ce tableau illustre cette vérité méconnue. D'un côté, l'État gouverne et le citoyen paraît heureux et prospère ; de l'autre, il n'y a plus d'État et l'on peut voir les incendies, les massacres, la famine, les viols et la mort.

On peut vérifier, de nos jours, ces effets de l'ano-

162

mie, autour des grands lacs africains, en Afghanistan, en Tchétchénie.

Mais nos eurocrates se croient plus malins que les autres, ils ne se soucient pas du lien social. Il est vrai que si l'aventure tourne mal, eux ou leurs enfants auront toujours la ressource d'émigrer, comme leurs prédécesseurs du XVIIIe siècle. Cette fois, ce sera en Amérique, non plus en Angleterre.

Pour le moment, l'idéologie européiste a produit au moins un effet très visible : la montée générale en Europe des extrêmes droites (à l'exception de l'Angleterre où, nous l'avons vu, les dirigeants sont encore patriotes). En Allemagne, elles réapparaissent, malgré le souvenir cuisant du nazisme. En France, le Front national atteint 15 % des suffrages, dont beaucoup de votes populaires.

Les nouveaux bien-pensants de Bruxelles ne se sont jamais demandé s'ils n'étaient pas responsables des succès du FN. Ils ont raison de ne pas se poser ce genre de question.

N'est-ce pas parce que les dirigeants français dans leur ensemble, à l'exception de Pasqua, de Villiers, de Chevènement, ne parlent plus de la patrie au peuple ? Les électeurs ouvriers et employés vont vers le seul parti qui leur en parle encore. Pourquoi s'en étonner ?

Bien sûr, le FN a des relents fascistes et xénophobes, voire européens. Il n'y a pas si longtemps (et là je ne parle pas de la Seconde Guerre mondiale), l'adjectif européen, d'Europe, camouflait souvent l'extrême droite.

Mais pour les européistes, l'aspect fasciste du FN est pain bénit : le lepénisme contribue en effet à discréditer l'idée nationale qu'ils abhorrent. Pour cette raison, les outrances et le racisme de Le Pen les réjouissent secrètement. Car ils sont confortés dans leurs idées à force de voir la Nation confisquée par le FN.

Ils font d'ailleurs à Le Pen une publicité de tous les instants, ne pouvant ouvrir la bouche sans citer son nom. En bon français, cela s'appelle du masochisme.

X

Une autre Europe est encore possible

Et pourtant, malgré les eurolâtres, malgré la Commission, malgré la Banque centrale, il existe quand même une réalité européenne. Une réalité qui a survécu aux guerres et folies des hommes.

Je suis amoureux de cette Europe-là. De la France, de ses paysages, de son architecture. Mais tout autant de l'Italie. Je me sens quelque peu chez moi à Munich, en Bavière, ou à Sienne, en Toscane. Mais aussi à Amsterdam de Hollande ; à Salamanque ou à Londres, Copenhague, Varsovie et Saint-Pétersbourg. L'Europe est un continent d'une incroyable richesse où se rencontrent plusieurs nations, plusieurs civilisations apparentées. Pourquoi vouloir fondre dans un système unique, dominé par une oligarchie inculte, toute cette diversité ?

On y parle plusieurs des plus belles langues de l'humanité, belles parce que riches d'immenses littératures.

Charles Quint, auquel on ne saurait refuser la qualité d'empereur européen – ce fut peut-être le seul, quoique la France n'admît jamais cette prétention, mais il est vrai que la France de François Ier n'était pas celle de Chirac – avait coutume de dire : « Je parle français aux hommes ; italien aux femmes ; espagnol à Dieu et allemand à mon cheval » ; on a noté qu'il ne parlait pas anglais !

Or l'Euroland (son nom est tout un programme) va conduire à la disparition certaine de ces univers autrement précieux que les stocks d'or de la BCE ou les trains chargés d'archives du Parlement européen : l'espagnol de Cervantès, l'italien de Dante, l'allemand de Goethe, le français de Racine, le russe de Tolstoï vont rapidement devenir des langues mortes ; et l'anglais même de Shakespeare. Car peut-on appeler anglais, l'espéranto de mille mots qu'est l'américain basique, langue de travail de l'Euroland ? Déjà, sur le territoire de la République, beaucoup de gens sont obligés de travailler en anglais.

Une autre Europe pourrait pourtant être construite, celle du traité de Rome de 1957. Elle a nom l'Europe des Nations.

Une Europe où les nations souveraines, bien éloignées de se dissoudre, se conforteraient au contraire dans une coopération nécessaire.

Faire chacun ce que chacun fait le mieux, faire en commun ce qui ne peut plus être fait seul : le spatial, l'aéronautique, les armes. Nul besoin d'euro pour cela : il suffirait d'une forte volonté politique qui ne peut se trouver que dans les États-Nations. L'extraordinaire succès d'Airbus en moins de vingt ans en témoigne. Mais aujourd'hui, c'est peut-être beaucoup demander, il est vrai.

Dans cette Europe-là, on construirait en commun le même avion de combat, mais les armées ne seraient plus sous commandement américain. Dans cette Europe-là, les grandes nations historiques à responsabilités mondiales – la France, le Royaume-Uni, l'Espagne, l'Allemagne, avec leurs aires d'influence historiques, Amérique latine, Afrique, monde arabe ou Indes – retrouveraient, sans qu'il soit besoin de traité, une responsabilité particulière. Pour cela, il faut arrêter l'hémorragie de citoyenneté qu'inflige à notre droit l'irruption des textes ubuesques de Bruxelles et des décisions aléatoires des juges de Luxembourg, sans parler de la promotion récente des gnomes de Francfort qui auront vite à cœur de manifester leur pouvoir.

L'urgence ? Arrêter l'implacable processus et négocier, durement, de nouveaux traités de Rome. Ceux qui disent qu'il est trop tard sont des apôtres du renoncement. Il n'est jamais trop tard en politique. A ceux qui font valoir qu'on tuerait ce que peut garder de valable le processus européen, j'ai déjà répondu qu'on le tuera avec certitude au contraire, et pour des siècles, en persévérant dans l'erreur. Sans compter le risque immense que nous prenons à détruire des États existants, des nations effectives, sans bien savoir quoi mettre à la place.

Il y a deux Europe : l'Europe maastrichtienne de Jean Monnet (complétée par Amsterdam) qui détruit les souverainetés et celle de De Gaulle qui s'appuie sur elles. La seconde seule est possible.

Les européistes nous accusent toujours d'être des ringards.

Je leur répondrai que les ringards, ce sont eux.

Les oligarques européens à la Monnet nous ramènent aux temps d'avant la Révolution de 1789. Leur lutte vise à établir en Europe une conception obsolète de l'interaction de la politique et de l'économie. Pour eux, l'économie est l'instrument de l'hégémonie de leur caste. La monnaie unique est le symbole de l'extension du pouvoir de cette caste.

Le suffrage universel, grande conquête des derniers siècles, est extrêmement moderne. La modernité du suffrage universel est toujours actuelle. Les eurocrates s'en sont astucieusement débarrassés.

Un jour, les peuples s'apercevront qu'ils ont été floués.

Espérons qu'alors, il sera encore temps de rebâtir l'Europe des Nations démocratiques.

ANNEXE 1

L'Appel de Cochin
6 décembre 1978

Voici le texte de l'appel aux Français lancé par Jacques Chirac, hospitalisé à l'hôpital Cochin à la suite d'un accident.

« Il est des heures graves dans l'histoire d'un peuple où sa sauvegarde tient toute dans sa capacité de discerner les menaces qu'on lui cache.

L'Europe que nous attendions et désirions, dans laquelle pourrait s'épanouir une France digne et forte, cette Europe, nous savons depuis hier qu'on ne veut pas la faire.

Tout nous conduit à penser que, derrière le masque des mots et le jargon des technocrates, on prépare l'inféodation de la France, on consent à l'idée de son abaissement.

En ce qui nous concerne, nous devons dire non.

En clair, de quoi s'agit-il ? Les faits sont simples, même si certains ont cru gagner à les obscurcir.

L'élection prochaine de l'Assemblée européenne au suffrage universel direct ne saurait intervenir sans que le peuple français soit exactement éclairé sur la portée de son vote. Elle constituera un piège si les électeurs sont induits à croire qu'ils vont simplement entériner quelques principes généreux, d'ailleurs à peu près incontestés quant à la nécessité de l'organisation européenne, alors que les suffrages ainsi captés vont servir à légitimer tout ensemble les débordements futurs et les carences actuelles, au préjudice des intérêts nationaux.

1. Le gouvernement français soutient que les attributions de l'Assemblée resteront fixées par le traité de Rome et ne seront pas modifiées en conséquence du nouveau mode d'élection. Mais la plupart de nos partenaires énoncent l'opinion opposée presque comme allant de soi et aucune assurance n'a été obtenue à l'encontre de l'offensive ainsi annoncée, tranquillement, par avance. Or le président de la République reconnaissait, à juste raison, dans une conférence de presse récente, qu'une Europe fédérale ne manquerait pas d'être dominée par les intérêts américains. C'est dire que les votes de la majorité, au sein des institutions européennes, en paralysant la volonté de la France, ne serviront ni les intérêts français, bien entendu, ni les intérêts européens. En d'autres termes, les votes des quatre-vingt-un représentants français pèseront bien peu à l'encontre des trois cent vingt-neuf représentants de pays eux-mêmes excessivement sensibles aux influences d'outre-Atlantique.

Telle est bien la menace dont l'opinion publique doit être consciente. Cette menace n'est pas lointaine et théorique : elle est ouverte, certaine et proche. Comment nos gouvernants pourront-ils y résister demain alors qu'ils n'ont pas été capables de la faire écarter dans les déclarations d'intention ?

2. L'approbation de la politique européenne du gouvernement supposerait que celle-ci fût clairement affirmée, à l'égard des errements actuels de la Communauté européenne. Il est de fait que cette Communauté – en dehors d'une politique agricole commune, d'ailleurs menacée – tend à n'être, aujourd'hui, guère plus qu'une zone de libre-échange favorable peut-être aux intérêts étrangers les plus

puissants, mais qui voue au démantèlement des pans entiers de notre industrie laissée sans protection contre des concurrences inégales, sauvages ou qui se gardent de nous accorder la réciprocité. On ne saurait demander aux Français de souscrire ainsi à leur asservissement économique, au marasme et au chômage. Dans la mesure où la politique économique propre au gouvernement français contribue pour sa part aux mêmes résultats, on ne saurait davantage lui obtenir l'approbation sous le couvert d'un vote relatif à l'Europe.

3. L'admission de l'Espagne et du Portugal dans la Communauté soulève, tant pour nos intérêts agricoles que pour le fonctionnement des institutions communes, de très sérieuses difficultés qui doivent être préalablement résolues, sous peine d'aggraver une situation déjà fort peu satisfaisante. Jusque-là, il serait d'une grande légèreté, pour en tirer quelque avantage politique plus ou moins illusoire, d'annoncer cette admission comme virtuellement acquise.

4. La politique européenne du gouvernement ne peut, en aucun cas, dispenser la France d'une politique étrangère qui lui soit propre. L'Europe ne peut servir à camoufler l'effacement d'une France qui n'aurait plus sur le plan mondial, ni autorité, ni idée, ni message, ni visage. Nous récusons une politique étrangère qui cesse de répondre à la vocation d'une grande puissance, membre permanent du Conseil de sécurité des Nations unies et investie de ce fait de responsabilités particulières dans l'ordre international.

C'est pourquoi nous disons NON.

Non à la politique de supranationalité.

Non à l'asservissement économique.

Non à l'effacement international de la France.

Favorables à l'organisation européenne oui, nous le sommes pleinement. Nous voulons, autant que d'autres, que

171

se fasse l'Europe. Mais une Europe européenne, où la France conduise son destin de grande nation. Nous disons non à une France vassale dans un empire de marchands, non à une France qui démissionne aujourd'hui pour s'effacer demain.

Puisqu'il s'agit de la France, de son indépendance et de son avenir, puisqu'il s'agit de l'Europe, de sa cohésion et de sa volonté, nous ne transigerons pas. Nous lutterons de toutes nos forces pour qu'après tant de sacrifices, tant d'épreuves et tant d'exemples, notre génération ne signe pas, dans l'ignorance, le déclin de la patrie.

Comme toujours quand il s'agit de l'abaissement de la France, le parti de l'étranger est à l'œuvre avec sa voix paisible et rassurante. Français, ne l'écoutez pas. C'est l'engourdissement qui précède la paix de la mort.

Mais comme toujours, quand il s'agit de l'honneur de la France, partout des hommes vont se lever pour combattre les partisans du renoncement et les auxiliaires de la décadence.

Avec gravité et résolution, je vous appelle dans un grand rassemblement de l'espérance, à un nouveau combat, celui pour la France de toujours dans l'Europe de demain. »

Pour accompagner sa déclaration sur l'Europe, M. Chirac a adressé la lettre suivante à Alain Devaquet, secrétaire général du RPR :

« Le pays, même s'il n'en est pas encore conscient, vit aujourd'hui une heure grave. En Europe, la France, sans le savoir, est engagée dans un processus qui conduit à l'abandon de sa vocation dans le monde et à l'effacement.

C'est pourquoi j'ai décidé de m'adresser aux Français. C'est un débat de fond qu'ils sont appelés à trancher.

Avant que ma déclaration ne soit rendue publique, je souhaite qu'il en soit donné connaissance par Yves Guéna aux membres du conseil politique de notre Rassemblement.

En ce qui concerne les travaux parlementaires, il me paraît souhaitable de maintenir la position que nous avons adoptée en octobre et qui accorde au gouvernement une trêve qui lui permette de démontrer l'efficacité de sa politique économique. »

L'arrêt Nicolo du Conseil d'État

Voici les conclusions du célèbre arrêt du Conseil d'État du 20 octobre 1989 sur les traités internationaux (auxquels sont assimilées les « Directives européennes ») et les lois nationales.

La phrase essentielle se trouve en fin de page 187 : « Nous vous proposerons donc sur ce fondement d'accepter de faire désormais prévaloir les traités sur les lois postérieures. »

(20 octobre. – Assemblée. – 108243 - Nicolo. – MM. de Montgolfier, rapp. ; Frydman, c. du g. ; S.C.P. de Chaisemartin, av.)

Vu la Constitution, notamment son article 55 ; le traité en date du 25 mars 1957, instituant la Communauté économique européenne ; la loi n° 77-729 du 7 juillet 1977 ; le code électoral ; l'ordonnance n° 45-1708 du 31 juillet 1945, le décret n° 53-934 du 30 septembre 1953 et la loi n° 87-1127 du 31 décembre 1987 ;

Sur les conclusions de la requête de M. Nicolo : – CONSIDÉRANT qu'aux termes de l'article 4 de la loi n° 77-729 du 7 juillet 1977 relative à l'élection des représentants à l'Assemblée des communautés européennes « le territoire de la République » forme « une circonscription unique » pour l'élection des représentants français au Parlement européen ;

qu'en vertu de cette disposition législative, combinée avec celles des articles 2 et 72 de la Constitution du 4 octobre 1958, desquelles il résulte que les départements et territoires d'outre-mer font partie intégrante de la République française, lesdits départements et territoires sont nécessairement inclus dans la circonscription unique à l'intérieur de laquelle il est procédé à l'élection des représentants au Parlement européen ;

Cons. qu'aux termes de l'article 227-1 du traité en date du 25 mars 1957 instituant la Communauté économique européenne : « Le présent traité s'applique... à la "République française" » ; que les règles ci-dessus rappelées, définies par la loi du 7 juillet 1977, ne sont pas incompatibles avec les stipulations claires de l'article 227-1 précité du traité de Rome ;

Cons. qu'il résulte de ce qui précède que les personnes ayant, en vertu des dispositions du chapitre 1er du livre 1er du code électoral, la qualité d'électeur dans les départements et territoires d'outre-mer ont aussi cette qualité pour l'élection des représentants au Parlement européen ; qu'elles sont également éligibles, en vertu des dispositions de l'article L.O. 127 du code électoral, rendu applicable à l'élection au Parlement européen par l'article 5 de la loi susvisée du 7 juillet 1977 ; que, par suite, M. Nicolo n'est fondé à soutenir ni que la participation des citoyens français des départements et territoires d'outre-mer à l'élection des représentants au Parlement européen, ni que la présence de certains d'entre eux sur des listes de candidats auraient vicié ladite élection ; que, dès lors, sa requête doit être rejetée ;

Sur les conclusions du ministre des départements et des territoires d'outre-mer tendant à ce que le Conseil d'État inflige une amende pour recours abusif à M. Nicolo : – Cons. que des conclusions ayant un tel objet ne sont pas recevables ; ... (rejet de la

176

requête de M. Nicolo et des conclusions du ministre des départements et des territoires d'outre-mer tendant à ce qu'une amende pour recours abusif lui soit infligée).

1. Ab. jur. Section, 1ᵉʳ mars 1968, *Syndicat général des fabricants de semoule de France*, p. 149 ; Assemblée, 22 octobre 1979, *Union démocratique du travail*, p. 384.

2. Cf. C. Cass. Ch. Mixte, 24 mai 1975, *Administration des douanes c/Société des Cafés Jacques Vabre*, Bull. civ. nº 4, p. 6 ; Cons. Const., 21 octobre 1988, *Élection du député de la 5ᵉ circonscription du Val-d'Oise*, J.O. 1988 10-25, p. 13474.

Dans cette affaire, M. Frydman a prononcé les conclusions suivantes :

« Le 18 juin 1989, les citoyens français furent appelés, pour la troisième fois depuis 1979, à élire au suffrage universel direct leurs représentants à l'Assemblée des communautés européennes, devenue, depuis l'entrée en vigueur de l'"Acte unique" du 28 février 1986, le "Parlement européen".

Si elle ne mobilisa guère le corps électoral, ainsi qu'en témoigne le fort taux d'abstention constaté, cette consultation paraît en revanche avoir beaucoup intéressé les habituels amateurs de procédure contentieuse.

C'est ainsi que, sous les nᵒˢ 108243 et 108303, deux d'entre eux, MM. Nicolo et Roujansky, vous demandent aujourd'hui, en leur qualité d'électeurs, de prononcer l'annulation de ce scrutin.

Indiquons d'emblée que la requête de M. Roujansky ne méritera guère qu'un très bref examen. Abstraction faite de considérations fantaisistes sans aucun rapport avec le scrutin, l'argumentation de l'intéressé se résume en effet à un unique moyen, tiré de ce que la loi du 7 juillet 1977, relative à l'élection des représentants à l'Assemblée des Communautés européennes, violerait diverses dispositions de la Constitution. Or, il ne vous appartient évidemment pas de contrôler la constitutionnalité des lois (Cf. Ass., 6 novembre 1936, *Arrighi et Dame Coudert*, au recueil Lebon, p. 966, ou Ass., 28 janvier 1972, *Conseil transitoire de la faculté des lettres et des sciences humaines de Paris*, p. 86), et les propositions que nous avons l'intention de vous soumettre dans quelques instants ne remettront aucunement en cause le bien-fondé de cette jurisprudence traditionnelle. Ce premier pourvoi sera donc écarté.

L'examen de la requête de M. Nicolo appellera, en revanche, des développements plus substantiels.

Ce n'est d'ailleurs pas la question de fond que soulève cette affaire qui confère à celle-ci son intérêt. La thèse du requérant, qui voudrait nous faire juger que le scrutin européen n'aurait pu légalement se dérouler dans les départements et territoires d'outre-mer, ni donner lieu à l'élection de candidats originaires de ces mêmes collectivités territoriales, pourra en effet être aisément récusée. Mais c'est le raisonnement juridique suivi par l'intéressé, et fondé simultanément sur la prétendue méconnaissance de la loi du 7 juillet 1977 précitée et du traité de Rome du 25 mars 1957, qui retiendra notre attention.

Si, en effet, M. Nicolo se bornait à soutenir, comme il le fait en un premier temps, que les départements et territoires d'outre-mer seraient exclus du territoire électoral défini par la loi de 1977 – laquelle ne viserait que le territoire européen de la France –, il vous suffirait alors de lui répondre qu'une telle allégation est inexacte. L'article 7 de cette loi dispose en effet que « le territoire de la République forme une circonscription unique » pour l'élection des représentants français au Parlement européen. Et il résulte des dispositions combinées de l'article 2 de la Constitution, qui fixe le principe d'indivisibilité de la République, et de son article 72, qui énumère les différentes collectivités territoriales françaises, que les départements ou territoires d'outre-mer font partie intégrante de la République française. Les personnes ayant, en vertu des dispositions du livre 1er du code électoral, la qualité d'électeurs dans ces départements et territoires, pouvaient donc participer au scrutin. Et leur éligibilité n'est pas moins douteuse, dès lors que l'article 5 de la loi du 7 juillet 1977 a rendu applicables à cette même élection les dispositions de l'article L.O. 127 du code électoral, en vertu desquelles tout électeur peut être élu au mandat de député.

Mais le requérant fait ici cependant valoir, en un deuxième temps, que, si telle devait être l'interprétation de la loi de 1977, celle-ci serait alors contraire au traité de Rome. Il va sans dire, là encore, que pareille argumentation n'est pas fondée. L'article 227-1 de cette convention stipule en effet que "le présent Traité s'applique (...) à la République française", laquelle inclut, ainsi que nous venons de le rappeler, les départements et territoires d'outre-mer. Et, s'il est vrai que les articles 227-2 et 227-3 ont soumis ces collectivités à un régime particulier au regard du droit communautaire, il est clair qu'ils n'ont pas pour autant entendu exclure celles-ci du champ d'application du traité. La Cour de justice des communautés européennes en a, au demeurant, expressément jugé ainsi, s'agissant des départements d'outre-mer, par un arrêt du 10 octobre 1978, *Hansen,* au recueil, p. 1787, et aucun renvoi ou interprétation complémentaire devant cette Cour ne nous paraît au surplus nécessaire sur ce point.

Mais toute la difficulté est alors de déterminer s'il vous appartiendrait ici, conformément à votre jurisprudence traditionnelle, d'écarter ce dernier moyen en vous fondant sur la seule loi de 1977, sans même avoir à en vérifier la compatibilité avec le traité de Rome, ou s'il y a lieu d'innover aujourd'hui en considérant que cette loi n'est applicable que parce qu'elle est, précisément, conforme à ce traité.

C'est là soulever, une nouvelle fois, devant votre Assemblée, la question des conditions d'application de l'article 55 de la Constitution, aux termes duquel : "Les traités ou accords régulièrement ratifiés ou approuvés ont, dès leur publication, une autorité supérieure à celle des lois, sous réserve, pour chaque accord ou traité, de son application par l'autre partie."

Rappelons d'emblée que la mise en œuvre de cet article, introduit dans la Constitution afin de réaffirmer solennellement l'attachement de la France à la suprématie théorique de la norme internationale, ne comporte guère de difficultés en cas d'incompatibilité entre un traité et une loi antérieure. En telle hypothèse, en effet, le juge fera tout naturellement prévaloir le traité (cf. par exemple : Ass. 7 juillet 1978, *Klaus Croissant*, p. 292 ; Ass., 15 février 1980, *Gabor Winter*, p. 87 ou encore Ass., 22 janvier 1982, *Conseil régional de Paris de l'Ordre des experts-comptables*, p. 28). L'unique incertitude subsistant à cet égard porte, en vérité, sur le point de savoir si cette solution tient à ce qu'il faut alors estimer – comme on le dit parfois, abusivement selon nous – que le traité postérieur a implicitement *abrogé* la loi, ou s'il faut seulement considérer que celui-ci rend cette loi *inapplicable* ce qui est plutôt notre thèse, auquel cas la loi retrouverait ultérieurement son plein effet dans le cas où l'applicabilité du traité serait elle-même remise en cause. Mais c'est là un dilemme bien négligeable si on le compare à celui que suscite la mise en œuvre de l'article 55 dans l'hypothèse inverse où le traité est antérieur à la loi.

On sait que vous avez jugé, à cet égard, par une célèbre décision de section du 1er mars 1968, *Syndicat général des fabricants de semoule de France*, p. 149 aux conclusions de

Mme le président Questiaux, que le juge administratif ne peut faire prévaloir les traités sur les lois postérieures qui leur sont contraires – cette jurisprudence valant tant à l'égard des normes communautaires que pour les conventions internationales ordinaires, ainsi que vous l'avez, à l'époque, aussitôt précisé par un arrêt du 19 avril 1968, *Heid*, p. 243.

Les fondements théoriques de ces décisions, qui ne résident évidemment pas dans une quelconque contestation du principe même de la supériorité hiérarchique des traités sur les lois – laquelle résulte expressément de l'article 55 –, doivent en revanche être recherchés dans votre volonté de respecter le principe suivant lequel il n'appartient pas au juge administratif d'exercer un contrôle sur la validité des lois.

Les principales considérations qui vous ont conduits à adopter cette solution, et qui nous paraissent être au nombre de trois, se rattachent toutes, en effet, à cette règle fondamentale. En premier lieu, il vous est apparu qu'écarter la loi au motif qu'elle serait contraire à un traité antérieur constituerait une violation du principe de séparation des pouvoirs. Or, ce principe, notamment exprimé, s'agissant des obligations imposées aux juges, par l'article 10 de la loi des 16 et 24 août 1970 interdisant aux tribunaux de suspendre l'application des lois, a, sans aucun doute, valeur constitutionnelle, au même titre que l'article 55 lui-même. En second lieu, vous avez sans doute estimé que, s'il est vrai que la Constitution de 1958 n'adhère plus au dogme du caractère incontestable des lois, c'est au seul Conseil constitutionnel qu'elle a confié le pouvoir de contrôler, le cas échéant, la validité de celles-ci, et que vous ne sauriez dès lors avoir aucune compétence en la matière. Enfin, il importe sans doute d'examiner cette solution au regard d'une philosophie jurisprudentielle dont on trouverait maints autres exemples d'application dans vos décisions, et selon laquelle le contrôle que vous exercez sur l'action de l'administration pourra s'avérer d'autant plus efficace que vous parviendrez, parallèlement, à éviter tout conflit avec le législateur.

Ces arguments, qui servent plus généralement de fondement à votre théorie dite de la "loi-écran" – laquelle vous fait surtout interdiction d'écarter l'application d'une loi inconstitutionnelle – étaient à cette époque, et demeurent encore pour partie, d'une très grande solidité. C'est pourquoi vous avez toujours confirmé jusqu'ici, sans vous soucier des évolutions jurisprudentielles qu'ont pu connaître les autres juridictions concernées, votre solution de 1968, notamment par cinq décisions particulièrement solennelles rendues par votre formation (cf. Ass. 22 octobre 1979, *Union démocratique du travail*, p. 383, aux conclusions de Mme Hagelsteen, et *Élection des représentants à l'assemblée des communautés européennes*, p. 385, aux conclusions de M. le Président Morisot ; puis : 31 octobre 1980, *Sieur Lahache*, p. 403, 13 mai 1983, *Société anonyme "René Moline"*, p. 191 ou encore 23 novembre 1984, *Roujansky et autres*, p. 383).

Notre propos ne sera nullement de soutenir aujourd'hui que ces décisions seraient critiquables sur le plan juridique. Nous les croyons au contraire en tous points conformes à la rigueur des principes et à l'orthodoxie traditionnelle. Mais, il nous semble cependant qu'une autre lecture de l'article 55, infiniment souhaitable en opportunité – ainsi que nous le verrons tout à l'heure –, est certainement tout autant concevable en droit.

Indiquons d'abord que, quoi qu'en aient dit certains commentateurs, le contrôle que le juge pourrait être amené à exercer sur la conformité des normes législatives aux traités antérieurs ne saurait en tout état de cause constituer, selon nous, un véritable contrôle de *constitutionnalité* des lois.

Cette affirmation rejoint ainsi la position du Conseil constitutionnel qui, par sa décision du 15 janvier 1975 relative à la loi sur l'interruption volontaire de grossesse, au recueil, p. 19, a expressément jugé qu'"une loi contraire à un traité ne serait pas, pour autant, contraire à la Constitution", avant d'en déduire qu'il ne lui appartenait pas d'examiner, à l'occasion du contrôle qu'il exerce au titre de l'article 61 de la Constitution, la conformité des lois aux traités internationaux en vigueur.

Il est vrai que la motivation alors retenue pour justifier cette solution, confirmée depuis lors à deux reprises (cf. les décisions des 20 juillet 1977, p. 39 et 19 janvier 1978, p. 21), n'emporte, par elle-même, aucunement la conviction que le Conseil constitutionnel a, en effet, estimé que la supériorité des traités sur les lois n'aurait qu'un caractère relatif et contingent, tenant, d'une part, à ce qu'elle est limitée au champ d'application de ces traités, et, d'autre part, à ce qu'elle est subordonnée à une condition de réciprocité dont la réalisation peut varier dans le temps au gré des États signataires. Or, d'une part, la prise en compte de la différence de champs d'application respectifs du traité et de la loi ne peut avoir d'autre effet que de limiter les hypothèses de conflit entre ces normes. Et nous noterons qu'elle n'a au demeurant guère de sens dans le cas des conventions multilatérales, parfois qualifiées de "traités-lois", qui constituent l'essentiel du droit international actuel. D'autre part, la référence ainsi faite à l'éventuelle remise en cause des effets juridiques du traité dans le temps, qui ne saurait d'ailleurs davantage s'appliquer à ces "traités-lois" – dont l'application réciproque est généralement assurée –, nous semble difficilement justifiable au regard des principes théoriques du droit public. La constitutionnalité ou la légalité d'un acte s'apprécient en effet *ab initio*, et l'on voit mal en quoi l'évolution ultérieure des textes applicables devrait être prise en compte par le juge.

Mais la solution adoptée par le Conseil constitutionnel n'en doit pas moins être approuvée sans réserve, selon nous, pour une autre raison, tenant à ce que la violation de la Constitution qui résulterait de la méconnaissance d'un traité nous paraît trop indirecte pour pouvoir être censurée en tant que telle. Sans doute, en adoptant une loi incompatible avec un traité antérieur, le législateur porte-t-il bien atteinte au principe de suprématie de la norme internationale tel que l'exprime l'article 55. Mais cette disposition, qui – comme nous le verrons – a surtout pour objet de définir une hiérarchie des normes à l'intention des juges, plutôt que d'interdire aux parlementaires de s'affranchir du respect de celle-ci, n'a pas en elle-même entendu faire de la méconnaissance d'un traité par le législateur une cause d'inconstitutionnalité de la loi. Adopter la thèse inverse reviendrait d'ailleurs à inclure dans le bloc de constitutionnalité, jusqu'ici limité à la Constitution elle-même, aux principes auxquels elle se réfère et aux lois organiques, l'ensemble des traités internationaux, quels qu'en soient, au demeurant, le contenu ou la portée. Or, bien qu'elle ait été défendue par des juristes aussi éminents que Kelsen, ou, plus récemment, le professeur Luchaire, une telle conception de la primauté du droit international ne nous paraît pas pouvoir être admise en bon sens. Enfin, nous observerons qu'à la seule exception de la Cour constitutionnelle autrichienne, restée pour partie sensible à l'influence des théories kelséniennes, les principales cours constitutionnelles des autres États européens reconnaissant la suprématie des normes internationales sur les lois internes, ne s'estiment pour cette même raison, pas plus compétentes que le Conseil constitutionnel français pour examiner la conformité des lois aux traités.

Ce n'est donc pas, nous semble-t-il, le contrôle de *constitutionnalité* des lois qui est ici en cause.

Mais il n'en demeure pas moins qu'envisager la possibilité d'écarter une loi contraire à une norme internationale revient inévitablement à soulever, en revanche, la question du contrôle exercé sur la *validité de la loi* au regard du traité. Et telle est en fait la question essentielle, puisque c'est bien ce contrôle de validité dans son ensemble qui, en principe, vous échappe – la question de savoir si celui-ci pourrait s'analyser en un contrôle de constitutionnalité n'ayant en vérité d'intérêt propre que du seul point de vue du Conseil constitutionnel, dont elle conditionne la compétence.

Or, c'est sur ce point déterminant que nous nous séparerons, pour notre part, de l'analyse que vous avez jusqu'ici toujours retenue.

A la vérité, nous ne nous rallierons pas pour autant à l'argument essentiel que la majorité de la doctrine a coutume d'opposer à votre jurisprudence actuelle, et selon lequel le juge, en faisant prévaloir le traité sur la loi pour résoudre un litige, se bornerait en réalité à choisir *une norme applicable,* sans opérer par là même une censure, même implicite, du texte qu'il écarte. Un tel raisonnement nous paraît, en effet, spécieux. Si le juge écarte l'application de la loi, c'est bien, en définitive, et quels que soient les méandres du raisonnement suivi, parce qu'il considère que celle-ci ne saurait trouver application du fait même de sa contrariété au traité. Il est donc à tout le moins difficile de ne pas voir dans une telle démarche un contrôle exercé sur la validité de la loi. Et c'est en vain qu'on objecterait que celle-ci n'aboutirait qu'à déclarer la loi inapplicable à une espèce, et non à la censurer. On sait, en effet, que c'est précisément par ce biais que s'opère le contrôle de validité des lois dans les pays où, comme aux États-Unis, cette fonction relève des tribunaux ordinaires. Enfin, nous observerons que suivre un tel raisonnement aboutirait à remettre inéluctablement en cause votre théorie de la "loi-écran" dans son ensemble. Ce qui vaut pour les lois contraires à un traité vaudrait aussi, en effet, dans les mêmes conditions, pour les lois inconstitutionnelles. Et l'on voit mal ce qui s'opposerait alors à ce que vous écartiez une loi au motif qu'étant contraire à la Constitution, elle ne saurait trouver application.

Mais nous croyons, en revanche, possible de considérer que – comme l'ont soutenu avec nous des auteurs aussi autorisés que le professeur Chapus ou le conseiller Genevois – l'article 55 comporte nécessairement, par lui-même, une *habilitation* donnée implicitement aux juges à l'effet de contrôler la conformité des lois aux traités. Il faut bien, en effet, prêter aux constituants l'intention d'avoir entendu prévoir une mise en œuvre effective de la suprématie des traités qu'ils ont institués par ce texte. Or, celle-ci ne saurait passer par le législateur, qui n'a d'ailleurs aucun intérêt à y contribuer, et auquel l'article 55 ne s'adresse pas directement. En vérité, dans les termes où elle est rédigée, cette disposition constitutionnelle, qui a pour seul objet de définir une hiérarchie des normes, nous paraît bien s'adresser principalement aux juges. Ceux-ci se voient ainsi confier pour mission d'écarter les lois contraires aux traités, et disposent pour ce faire d'une véritable habilitation constitutionnelle qui, pour n'être qu'implicite, ne nous paraît pas moins intrinsèquement contenue dans le texte. Ajoutons qu'une telle interprétation permettrait de résoudre l'ensemble des difficultés juridiques que vous avez jusqu'à présent rencontrées. Sans doute y a-t-il bien ici contrôle de conformité des lois, mais cette atteinte au principe constitutionnel de séparation des pouvoirs trouve alors son fondement dans la Constitution elle-même. Et la théorie de la loi-écran n'est, dans ce raisonnement, aucunement remise en cause. L'habilitation implicitement donnée aux juges ne saurait en effet, par définition, trouver application que dans les strictes limites fixées par l'article 55, et ne concernerait ainsi que le seul contrôle de conformité des lois aux traités.

Nous vous proposerons donc, sur ce fondement, d'accepter de faire désormais prévaloir les traités des lois postérieures[1].

Ce faisant, vous ne feriez que rejoindre la pratique suivie par les juridictions judiciaires. On sait, en effet, que par un important arrêt de chambre mixte du 24 mai 1975, *Administration des Douanes c/Société des Cafés Jacques Vabre,* au recueil Dalloz, p. 497, la Cour de cassation a, conformément aux conclusions du procureur général Touffait, adopté cette même solution. Et cette jurisprudence a été confirmée depuis lors avec constance (cf. par exemple : Ch. Commerciale, 24 juin 1976, *Mme Dumoussaud,* au Bulletin, n° 134, et 5 mai 1987, *Société anonyme Auchan,* n° 109, ou encore : Ch. Criminelle, 5 décembre 1983, *Jeafra et Patrex,* n° 352 et 3 juin 1988, *Klaus Barbie,* n° 246).

Il est vrai que la solution ainsi retenue n'est pas exempte de paradoxes. D'une part, on pourrait évidemment faire valoir que le traité se trouve alors mieux protégé que la Constitution elle-même, dès lors que les juridictions tant administratives que judiciaires se refusent, au contraire, à écarter l'application de lois inconstitutionnelles. D'autre part, la Constitution admettant que certaines conventions soient ratifiées ou approuvées sans autorisation du Parlement, on observera que certaines lois postérieures pourraient ainsi succomber devant des actes élaborés par le seul pouvoir exécutif. Mais, à ces arguments – qui, en vérité,

---

1. C'est moi qui souligne.

pourraient d'ailleurs trouver à s'appliquer, dans les mêmes conditions, aux traités postérieurs aux lois –, nous nous bornerons à répondre que tel est bien le dispositif institué par l'article 55 de la Constitution, et qu'il ne vous appartient évidemment pas d'en corriger les éventuelles imperfections.

Un renversement de la solution retenue en 1968 nous paraît donc possible en droit. Or, plusieurs considérations nous amènent à penser qu'il serait par ailleurs d'une rare *opportunité*.

Cette opportunité tient, en premier lieu, à la nécessité de combler le *"vide juridictionnel"* qui caractérise l'état actuel du droit. Compte tenu de la position adoptée depuis 1975 par le Conseil constitutionnel, votre jurisprudence conduit en effet, en pratique, à priver purement et simplement de toute sanction efficace la violation de l'article 55. Or, il n'est pas concevable qu'une disposition constitutionnelle demeure ainsi lettre morte, au motif qu'aucune juridiction ne se reconnaisse compétente pour en assurer le respect. On sait, du reste, que telle est précisément la raison essentielle pour laquelle, rompant avec le principe inverse précédemment appliqué – et connu sous le nom de "doctrine Matter" – la Cour de cassation s'est, dès cette même année 1975, estimée tenue de faire prévaloir les traités sur les lois. Même s'il repose plus sur des considérations d'opportunité que de droit, un tel réflexe nous paraît difficilement condamnable. La solution inverse aboutirait à permettre aux parlementaires de tenir aisément en échec l'application effective des normes internationales – et tout particulièrement l'article 55. Et l'on voit immédiatement à quels effets pervers conduirait, en pratique, l'absence de tout contrôle juridictionnel exercé sur la loi.

En second lieu, les *incohérences juridiques* résultant de la solution de 1968 sont aussi graves que nombreuses.

D'une part, on pourrait observer que cette jurisprudence conduit en fait à rendre inapplicables en droit interne des traités méconnus par des lois postérieures, alors que ceux-ci continuent pourtant à engager la France en droit international. Il y a évidemment là une anomalie sérieuse dans un système juridique français qui, depuis 1946, se veut d'inspiration *moniste*.

D'autre part, la divergence de jurisprudence qui vous oppose à la Cour de cassation sur ce point, et qui est unanimement considérée comme la plus grave existant aujourd'hui entre vos deux juridictions, aboutit à des conséquences pratiques absurdes. Or, elle n'est pas intellectuellement justifiable. Comme a pu le noter M. Abraham dans son manuel de droit international, p. 120, que nous citerons ici : "Qu'une juridiction applique le droit privé, et l'autre le droit public, correspond à la logique du système (de séparation des juges). Mais que l'un applique le traité et l'autre la loi ne correspond à aucune logique." Et nous ajouterons que nous ne sommes guère convaincus par la considération, pourtant répandue, selon laquelle cette divergence de jurisprudence pourrait logiquement s'expliquer par une différence affectant les conditions dans lesquelles ces deux juridictions sont appelées à statuer. Dans l'un et l'autre cas, il s'agit bien, en effet, pour le juge, de déterminer la norme applicable au litige dont il est saisi, et le fait qu'il ait à en tirer des conséquences évidemment plus limitées dans le cas d'un litige d'ordre privé que dans celui d'un recours en excès de pouvoir, nous paraît, au moins sur le plan du droit strict, sans importance aucune.

Enfin, il est indéniablement choquant, s'agissant cette fois spécifiquement du droit européen, que les citoyens ne puissent se prévaloir devant le juge administratif français d'un règlement qu'ils seraient admis à invoquer dans les autres pays de la Communauté, au seul motif que celui-ci aurait été, dans notre pays, écarté par une loi contraire. Il y a là, en effet, une différence de traitement difficilement compatible avec les principes mêmes du droit communautaire.

En troisième lieu, il est clair – ce qui vient d'être dit le confirme – que la jurisprudence actuelle constitue désormais un obstacle sensible à *l'introduction en France du droit international*, et plus particulièrement *communautaire*. On ne répétera en effet jamais assez que l'époque de la suprématie inconditionnelle du droit interne est désormais révolue. Les normes internationales, et notamment européennes, ont progressivement conquis notre univers juridique, sans hésiter d'ailleurs à empiéter sur le domaine de compétence du Parlement tel qu'il est défini à l'article 34 de la Constitution. Ainsi certains secteurs entiers de notre droit, tel celui de l'économie, du travail ou de la protection des droits de l'homme, sont-ils aujourd'hui très largement issus d'une véritable législation internationale. Or, l'impossibilité de faire prévaloir le traité sur la loi constitue évidemment un frein à cette évolution. La France ne peut simultanément accepter des limitations de souveraineté et maintenir la suprématie de ses lois devant le juge : il y a là un illogisme que votre décision de 1968 nous paraît peut-être avoir sous-estimé. »

ANNEXE 3

Voici la loi européenne, donc française, sur l'importation du sperme de cochon.

DIRECTIVE DU CONSEIL

du 26 juin 1990

fixant les exigences de police sanitaire applicables aux échanges intracommunautaires et aux importations de sperme d'animaux de l'espèce porcine

(90/429/CEE)

LE CONSEIL DES COMMUNAUTÉS EUROPÉENNES,

vu le traité instituant la Communauté économique européenne, et notamment son article 43,

vu la proposition de la Commission (¹),

vu l'avis du Parlement européen (²),

vu l'avis du Comité économique et social (³),

considérant que les dispositions relatives à des problèmes de police sanitaire en matière d'échanges intracommunautaires d'animaux des espèces bovine et porcine figurent dans la directive 64/432/CEE (⁴), modifiée en dernier lieu par la directive 89/360/CEE (⁵); que la directive 72/462/CEE (⁶), modifiée en dernier lieu par la directive 89/227/CEE (⁷), contient par ailleurs des dispositions relatives aux problèmes de police sanitaire rencontrés lors de l'importation d'animaux des espèces bovine et porcine en provenance des pays tiers;

considérant que les dispositions précitées ont permis, en ce qui concerne les échanges intracommunautaires et les importations dans la Communauté d'animaux des espèces bovine et porcine provenant de pays tiers, d'assurer que le pays de provenance garantit le respect des critères de police sanitaire, ce qui permet d'écarter presque totalement les risques de propagation des maladies des animaux; qu'il existe toutefois un certain risque de propagation de ces maladies dans le cas des échanges de sperme;

considérant que, dans le cadre de la politique communautaire d'harmonisation des dispositions nationales en matière de police sanitaire régissant les échanges intracommunautaires d'animaux et de leurs produits, il est désormais nécessaire de créer un régime harmonisé pour les échanges intracommunautaires et les importations dans la Communauté de sperme de porcins;

considérant que, pour les échanges intracommunautaires de sperme, l'État membre dans lequel le sperme est recueilli doit être tenu de garantir que le sperme est recueilli et traité dans des centres de collecte agréés et contrôlés, qu'il provient

(¹) JO n° C 267 du 6. 10. 1983, p. 5.
(²) JO n° C 342 du 19. 12. 1983, p. 11.
(³) JO n° C 140 du 28. 5. 1984, p. 6.
(⁴) JO n° 121 du 29. 7. 1964, p. 1977/64.
(⁵) JO n° L 153 du 6. 6. 1989, p. 29.
(⁶) JO n° L 302 du 31. 12. 1972, p. 25.
(⁷) JO n° L 93 du 6. 4. 1989, p. 25.

d'animaux dont l'état sanitaire est de nature à écarter les risques de propagation des maladies des animaux, qu'il a été recueilli, traité, stocké et transporté conformément à des normes qui permettent de préserver son état sanitaire et qu'il est accompagné, pendant son acheminement vers le pays destinataire, d'un certificat sanitaire assurant le respect de ces garanties;

considérant que les politiques différentes menées au sein de la Communauté en matière de vaccination contre certaines maladies justifient le maintien de dérogations, limitées dans le temps, qui autorisent les États membres à exiger, au regard de certaines maladies, une protection supplémentaire contre ces maladies;

considérant que, en vue de l'importation dans la Communauté de sperme en provenance de pays tiers, il y a lieu d'établir une liste de pays tiers sur la base de normes sanitaires; que, indépendamment de l'existence de cette liste, les États membres ne devraient autoriser l'importation de sperme que si celui-ci provient de centres de collecte qui respectent certaines normes et qui sont officiellement contrôlés; qu'il convient, en outre, de fixer, en fonction des circonstances, des normes spécifiques de police sanitaire applicables aux pays figurant sur la liste; qu'en outre, aux fins de la vérification du respect de ces normes, des contrôles sur place doivent pouvoir être effectués;

considérant qu'il convient d'étendre à la présente directive les règles et procédures de contrôle prévues par la directive 89/662/CEE du Conseil, du 11 décembre 1989, relative aux contrôles vétérinaires applicables dans les échanges intracommunautaires dans la perspective de la réalisation du marché intérieur (⁸);

considérant que, pour prévenir la transmission de certaines maladies contagieuses, il y a lieu de procéder à un contrôle d'importation dès l'arrivée sur le territoire de la Communauté d'un lot de sperme, sauf dans le cas où il s'agit d'un transit externe;

considérant qu'il y a lieu de permettre à un État membre de prendre des mesures d'urgence en cas d'apparition de maladies contagieuses dans un autre État membre ou dans un pays tiers; qu'il convient que les dangers que comportent de telles maladies et les mesures de défense qu'elles rendent nécessaires soient appréciés de la même façon dans l'ensemble de la Communauté; que, à cette fin, il y a lieu d'instituer une procédure communautaire d'urgence, au sein du comité vétérinaire permanent, selon laquelle les mesures nécessaires devront être prises;

(⁸) JO n° L 395 du 31. 12. 1989, p. 13.

DIRECTIVE DU CONSEIL
du 26 juin 1990

Fixant les exigences de police sanitaire applicables aux échanges intracommunautaires et aux importations de sperme d'animaux de l'espèce porcine

(90/429/CEE)

LE CONSEIL DES COMMUNAUTÉS EUROPÉENNES,

Vu le traité instituant la Communauté économique européenne, et notamment son article 43,

Vu la proposition de la Commission[1],

Vu l'avis du Parlement européen[2],

Vu l'avis du Comité économique et social[3],

Considérant que les dispositions relatives à des problèmes de police sanitaire en matière d'échanges intracommunautaires d'animaux des espèces bovine et porcine figurent dans la directive 64/432/CEE[4], modifiée en dernier lieu par la directive 89/360/CEE[5], que la directive 72/462/CEE[6], modifiée en dernier lieu par la directive 89/227/CEE[7], contient par ailleurs des dispositions relatives aux problèmes de police sanitaire rencontrés lors de l'importation d'animaux des espèces bovine et porcine en provenance des pays tiers ;

Considérant que les dispositions précitées ont permis,

---

1. *JO*, n⁰ C 267 du 6/10/1983, p. 5.
2. *JO*, n⁰ C 342 du 19/12/1983, p. 11.
3. *JO*, n⁰ C 140 du 28/5/1984, p. 6.
4. *JO*, n⁰ 121 du 29/7/1964, p. 1988/64.
5. *JO*, n⁰ L 153 du 6/6/1989, p. 29.
6. *JO*, n⁰ L 302 du 31/12/1972, p. 25.
7. *JO*, n⁰ L 93 du 6/4/1989, p. 25.

en ce qui concerne les échanges intracommunautaires et les importations dans la Communauté d'animaux des espèces bovine et *porcine* provenant de pays tiers, d'assurer que le pays de provenance garantit le respect des critères de police sanitaire, ce qui permet d'écarter presque totalement les risques de propagation des maladies des animaux ; qu'il existe toutefois un certain risque de propagation de ces maladies dans le cas des échanges de sperme ;

Considérant que, dans le cadre de la politique communautaire d'harmonisation des dispositions nationales en matière de police sanitaire régissant les échanges intracommunautaires d'animaux et de leurs produits, il est désormais nécessaire de créer un régime harmonisé pour les échanges intracommunautaires et les importations dans la Communauté de sperme de porcins ;

Considérant que, pour les échanges intracommunautaires de sperme, l'État membre dans lequel le sperme est recueilli doit être tenu de garantir que le sperme est recueilli et traité dans des centres de collecte agréés et contrôlés, qu'il provient d'animaux dont l'état sanitaire est de nature à écarter les risques de propagation des maladies des animaux, qu'il a été recueilli, traité, stocké et transporté conformément à des normes qui permettent de préserver son état sanitaire et qu'il est accompagné, pendant son acheminement vers le pays destinataire, d'un certificat sanitaire assurant le respect de ces garanties ;

Considérant que les politiques différentes menées au sein de la Communauté en matière de vaccination contre certaines maladies justifient le maintien de dérogations, limitées dans le temps, qui autorisent les États membres à exiger, au regard de certaines maladies, une protection supplémentaire contre ces maladies ;

Considérant que, en vue de l'importation dans la Communauté de sperme en provenance de pays tiers, il y a lieu d'établir une liste

194

de pays tiers sur la base de normes sanitaires ; que, indépendamment de l'existence de cette liste, *les États membres ne devraient autoriser l'importation de sperme que si celui-ci provient de centres de collecte qui respectent certaines normes et qui sont officiellement contrôlés* ; qu'il convient, en outre, de fixer, en fonction des circonstances, des normes spécifiques de police sanitaire applicables aux pays figurant sur la liste ; qu'en outre, aux fins de la vérification du respect de ces normes, des contrôles sur place doivent pouvoir être effectués ;

Considérant qu'il convient d'étendre à la présente directive les règles et procédures de contrôle prévues par la directive 89/662/CEE du Conseil, du 11 décembre 1989, relative aux contrôles vétérinaires applicables dans les échanges intracommunautaires dans la perspective de la réalisation du marché intérieur ;

Considérant que, pour prévenir la transmission de certaines maladies contagieuses, il y a lieu de procéder à un contrôle d'importation dès l'arrivée sur le territoire de la Communauté d'un lot de sperme, sauf dans le cas où il s'agit d'un transit externe ;

Considérant qu'il y a lieu de permettre à un État membre de prendre des mesures d'urgence en cas d'apparition de maladies contagieuses dans un autre État membre ou dans un pays tiers ; qu'il convient que les dangers que comportent de telles maladies et les mesures de défense qu'elles rendent nécessaires soient appréciés de la même façon dans l'ensemble de la Communauté ; que, à cette fin, il y a lieu d'instituer une procédure communautaire d'urgence, au sein du comité vétérinaire permanent, selon laquelle les mesures nécessaires devront être prises ;

Considérant qu'il convient de confier à la Commission le soin de prendre certaines mesures d'application de la présente directive ; que, à cette fin, il convient de prévoir une procédure instaurant une coopération étroite et efficace entre la Commission et les États membres au sein du comité vétérinaire permanent ;

Considérant enfin que la présente directive n'affecte pas les échanges de sperme produit avant la date à laquelle les États membres doivent s'y conformer.

A ARRÊTÉ LA PRÉSENTE DIRECTIVE :

CHAPITRE PREMIER
Dispositions générales

Article premier
La présente directive établit les conditions de police sanitaire applicables aux échanges intracommunautaires et aux importations en provenance des pays tiers de sperme d'animaux de l'espèce porcine.

Article 2
Aux fins de la présente directive, les définitions figurant à l'article 2 des directives 64/432/CEE, 72/462/CEE, 88/407/CEE, et 90/425/CEE, sont applicables en tant que de besoin.

En outre, en entend par « sperme », l'éjaculation d'un animal domestique de l'espèce porcine, en l'état, préparé ou dilué.

CHAPITRE II
Échanges intracommunautaires

Article 3
Chaque État membre veille à ce que soit seul destiné aux échanges le sperme satisfaisant aux conditions générales suivantes :

a) avoir été collecté et traité, en vue de l'insémination artificielle, dans un centre de collecte agréé d'un point de vue sanitaire ;

b) avoir été prélevé sur des animaux de l'espèce porcine dont la situation sanitaire est conforme à l'annexe B ;

c) avoir été collecté, traité, stocké et transporté conformément aux annexes A et C.

Article 4

1. Jusqu'au 31 décembre 1992, les États membres dans lesquels tous les centres de collecte ne comprennent que des animaux non vaccinés à l'égard de la maladie d'Aujeszky présentant un résultat négatif à l'épreuve de séroneutralisation ou à l'épreuve ELISA pour la recherche de la maladie d'Aujeszky, conformément aux dispositions de la présente directive :

– peuvent refuser l'introduction sur leur territoire de sperme provenant de centres de collecte n'ayant pas le même statut ;

– ne peuvent toutefois pas s'opposer à l'admission de sperme provenant de verrats vaccinés dans les centres de collecte au moyen du vaccin G1 délété, à la condition que :

• cette vaccination n'ait été effectuée que sur des verrats séronégatifs à l'égard du virus de la maladie d'Aujeszky ;

• les examens sérologiques effectués au plus tôt trois semaines après la vaccination sur ces verrats ne décèlent pas la présence d'anticorps induits par le virus de la maladie.

Dans ce cas, un échantillon de sperme de chaque collecte journalière destiné aux échanges peut être soumis à une épreuve d'isolement du virus dans un laboratoire agréé de l'État membre destinataire.

Les dispositions de ce paragraphe ne seront applicables que lorsque la Commission, agissant selon la procédure prévue à l'article 18, au plus tard le 1er juillet 1991, aura, compte tenu de l'avis du comité scientifique vétérinaire, notamment en ce qui concerne la fréquence des tests à effectuer dans les centres, les tests d'isolement du virus, ainsi que l'efficacité et la sûreté du vaccin G1 délété, établi les protocoles relatifs aux tests à utiliser pour ces examens.

2. Selon la procédure prévue à l'article 18, il peut être décidé d'étendre à une partie du territoire d'un État membre le bénéfice des dispositions du paragraphe 1, pour autant que tous les centres de collecte de cette partie du territoire ne contiennent que des animaux présentant un résultat négatif à l'épreuve de séroneutralisation ou à l'épreuve ELISA pour la recherche de la maladie d'Aujeszky.

3. Avant le 31 décembre 1992, le Conseil réexamine le présent article sur la base d'un rapport de la Commission, assorti d'éventuelles propositions.

Article 5

1. L'État membre sur le territoire duquel est situé le centre de collecte de sperme veille à ce que l'agrément visé à l'article 3 point a) ne soit accordé que s'il satisfait aux conditions de l'annexe A et respecte les autres exigences de la présente directive.

Il veille également à ce que le vétérinaire officiel contrôle le respect de ces dispositions. Ce dernier propose le retrait de l'agrément lorsqu'une ou plusieurs des dispositions cessent d'être respectées.

2. Tous les centres de collecte de sperme agréés sont enregistrés et chacun d'eux reçoit un numéro d'enregistrement vétérinaire. Chaque État membre communique aux autres États membres et à la Commission la liste des centres de collecte de sperme et leurs numéros d'enregistrement vétérinaire et, le cas échéant, le retrait d'agrément.

3. Les modalités générales d'application du présent article sont arrêtées selon la procédure prévue à l'article 18.

Article 6

1. Les États membres veillent à ce que chaque lot de sperme soit accompagné par un certificat sanitaire conforme au modèle prévu à l'annexe D et établi par un vétérinaire officiel de l'État membre de collecte.

Ce certificat doit :

a) être rédigé au moins dans une des langues officielles de l'État membre de collecte et dans une de celles de l'État membre destinataire ;

b) accompagner le lot jusqu'à sa destination, dans son exemplaire original ;

c) être établi sur un seul feuillet ;

d) être prévu pour un seul destinataire.

2. L'État membre destinataire peut, outre les mesures prévues à l'article 8 de la directive 90/425/CEE, prendre les mesures nécessaires, y compris la mise en quarantaine, à condition que cela n'altère pas la validité du sperme, en vue d'aboutir à des constatations certaines dans le cas où le sperme est suspecté d'être infecté ou contaminé par des germes pathogènes.

CHAPITRE III
Importation en provenance de pays tiers

Article 7

1. Un État membre ne peut autoriser l'importation de sperme qu'en provenance des pays tiers figurant sur une liste à élaborer selon la procédure prévue à l'article 19. Cette liste peut être complétée ou modifiée conformément à la procédure prévue à l'article 18.

2. Pour décider si un pays tiers peut figurer sur la liste visée au paragraphe 1, il est notamment tenu compte :

a) d'une part, de l'état sanitaire du bétail, des autres animaux domestiques et du cheptel sauvage dans ce pays, eu égard en particulier aux maladies exotiques des animaux et, d'autre part, de la situation sanitaire de l'environnement de ce pays, susceptible de compromettre la santé de l'ensemble du cheptel des États membres ;

b) de la régularité et de la rapidité des informations fournies par ce pays et relatives à la présence sur son territoire de maladies contagieuses des animaux transmissibles par le sperme, notamment de celles mentionnées sur les listes A et B de l'Office international des épizooties ;

c) des réglementations de ce pays relatives à la prévention et à la lutte contre les maladies des animaux ;

d) de la structure des services vétérinaires de ce pays et des pouvoirs dont ces services disposent ;

e) de l'organisation et de la mise en œuvre de la prévention et de la lutte contre les maladies contagieuses des animaux ;

f) des garanties que ce pays peut donner quant au respect des dispositions de la présente directive.

3. La liste visée au paragraphe 1 et toutes les modifications qui y sont apportées sont publiées au Journal officiel des Communautés européennes.

Article 8

1. Selon la procédure prévue à l'article 19, il est établi une liste des centres de collecte de sperme en provenance desquels les États membres peuvent autoriser l'importation de sperme originaire de pays tiers. Cette liste peut être modifiée ou complétée selon la même procédure.

2. Pour décider si un centre de collecte de sperme situé dans un pays tiers peut figurer sur la liste visée au paragra-

phe 1, il est notamment tenu compte du contrôle vétérinaire exercé dans le pays tiers sur les modalités de production de sperme, des pouvoirs dont les services vétérinaires disposent et de la surveillance à laquelle les centres de collecte de sperme sont soumis.

3. Un centre de collecte de sperme ne peut être inscrit sur la liste prévue au paragraphe 1 que :

a) s'il est situé dans l'un des pays figurant sur la liste visée à l'article 7, paragraphe 1 ;

b) s'il satisfait aux exigences des chapitres I et II de l'annexe A ;

c) s'il a été officiellement agréé pour les exportations vers la Communauté par les services vétérinaires du pays tiers concerné ;

d) s'il est placé sous la surveillance d'un vétérinaire du centre du pays tiers concerné ;

e) s'il est inspecté, au moins deux fois par an, par un vétérinaire officiel du pays tiers concerné.

Article 9

1. Le sperme doit provenir d'animaux qui, immédiatement avant le prélèvement, ont séjourné au moins trois mois sur le territoire d'un pays tiers figurant sur la liste visée à l'article 7, paragraphe 1.

2. Sans préjudice de l'article 7, paragraphe 1, et du paragraphe 1 du présent article, les États membres n'autorisent l'importation de sperme en provenance d'un pays tiers figurant sur la liste que si ce sperme répond aux prescriptions de police sanitaire adoptées, selon la procédure prévue à l'article 18, pour les importations de sperme en provenance de ce pays.

Pour l'adoption des prescriptions visées au premier alinéa, il est tenu compte :

a) de la situation sanitaire de la zone entourant le centre

de collecte de sperme, avec référence particulière aux maladies indiquées sur la liste A de l'Office international des épizooties ;

b) de l'état sanitaire du cheptel présent dans le centre de collecte de sperme et des prescriptions en matière d'examens ;

c) de l'état sanitaire de l'animal donneur et des prescriptions en matière d'examens ;

d) des prescriptions relatives aux examens que doit subir le sperme.

3. Pour la fixation des conditions de police sanitaire, la base de référence utilisée est celle des règles définies au chapitre II et aux annexes correspondantes. Il peut être décidé, selon la procédure prévue à l'article 18 et cas par cas, de déroger à ces dispositions si le pays tiers intéressé fournit des garanties similaires au moins équivalentes en matière de police sanitaire.

4. L'article 4 s'applique.

Article 10

1. Les États membres n'autorisent l'importation de sperme que sur présentation d'un certificat sanitaire établi et signé par un vétérinaire officiel du pays tiers de collecte.

Ce certificat doit :

a) être rédigé au moins dans une des langues officielles de l'État membre destinataire et dans une de celles de l'État membre où s'effectue le contrôle à l'importation prévu à l'article 11 ;

b) accompagner le sperme jusqu'à sa destination dans son exemplaire original ;

c) être établi sur un seul feuillet ;

d) être prévu pour un seul destinataire.

2. Le certificat sanitaire doit être conforme à un modèle établi selon la procédure prévue à l'article 19.

Article 11

1. Les États membres veillent à ce que chaque lot de sperme arrivant sur le territoire douanier de la Communauté soit soumis à un contrôle avant d'être mis en libre pratique ou placé sous un régime douanier et interdisent l'introduction du sperme dans la Communauté si le contrôle à l'importation effectué à son arrivée révèle :

– que le sperme ne provient pas du territoire d'un pays tiers figurant sur la liste établie conformément à l'article 7, paragraphe 1 ;

– que le sperme ne provient pas d'un centre de collecte de sperme figurant sur la liste prévue à l'article 8, paragraphe 1 ;

– que le sperme provient du territoire d'un pays tiers en provenance duquel les importations sont interdites conformément à l'article 15, paragraphe 2 ;

– que le certificat sanitaire qui accompagne le sperme ne répond pas aux conditions prévues à l'article 10 et fixées en application de ce dernier.

Le présent paragraphe ne s'applique pas aux lots de sperme arrivés sur le territoire douanier de la Communauté et placés sous un régime de transit douanier pour être acheminés vers un lieu de destination situé en dehors dudit territoire.

Toutefois, il est applicable en cas de renonciation au transit douanier en cours de transport à travers le territoire de la Communauté.

2. L'État membre destinataire peut prendre les mesures nécessaires, y compris la mise en quarantaine, à condition que cela n'altère pas la validité du sperme, en vue d'aboutir à des constatations certaines dans le cas où le sperme est suspecté d'être infecté ou contaminé par des germes pathogènes.

3. Lorsque l'introduction du sperme a été interdite pour l'un des motifs invoqués aux paragraphes 1 et 2 et que le pays tiers exportateur n'en autorise pas la réexpédition dans les trente jours s'il s'agit de sperme surgelé ou immédiatement s'il s'agit de sperme frais, l'autorité vétérinaire compétente de l'État membre destinataire peut ordonner la destruction du sperme.

Article 12

Chaque lot de sperme dont l'introduction dans la Communauté a été autorisée par un État membre sur la base du contrôle visé à l'article 11, paragraphe 1, doit, lors de son acheminement vers le territoire d'un autre État membre, être accompagné de l'original du certificat ou d'une copie authentifiée de cet original, cet original ou cette copie devant être dûment visés par l'autorité compétente responsable du contrôle effectué conformément à l'article 11.

Article 13

Si des mesures de destruction sont décidées en application de l'article 11, paragraphe 3, les frais y afférents sont à la charge de l'expéditeur, du destinataire ou de leur mandataire, aucune indemnisation n'étant accordée par l'État.

CHAPITRE IV
Mesures de sauvegarde et de contrôle

Article 14

Les règles prévues par la directive 90/425/CEE sont applicables, notamment en ce qui concerne les contrôles à l'origine, l'organisation et les suites à donner aux contrôles à effectuer par l'État membre destinataire.

Article 15

1. Pour les échanges intracommunautaires, les mesures de sauvegarde prévues à l'article 10 de la directive 90/425/CEE sont applicables.

2. Sans préjudice des articles 8, 9 et 10, si une maladie contagieuse des animaux susceptible d'être propagée par le sperme et pouvant compromettre la situation sanitaire du bétail de l'un des États membres apparaît ou s'étend dans un pays tiers, ou si toute autre raison de police sanitaire le justifie, l'État membre destinataire interdit l'importation du sperme, qu'il s'agisse d'une importation directe ou d'une importation indirecte effectuée par l'intermédiaire d'un autre État membre, et que le sperme provienne du pays tiers dans son ensemble ou d'une partie seulement de son territoire.

Les mesures prises par les États membres sur la base du premier alinéa ainsi que leur abrogation doivent être communiquées sans délai aux autres États membres et à la Commission avec l'indication des motifs justifiant ces mesures.

Selon la procédure prévue à l'article 18, il peut être décidé que ces mesures doivent être modifiées, notamment en vue de leur coordination avec les mesures prises par les autres États membres, ou doivent être abrogées.

Si la situation envisagée au premier alinéa se présente et qu'il se révèle nécessaire que d'autres États membres appliquent eux aussi les mesures prises en vertu de cet alinéa et modifiées le cas échéant conformément au troisième alinéa, les dispositions appropriées sont adoptées selon la procédure prévue à l'article 18.

La reprise des importations en provenance d'un pays tiers est autorisée selon la procédure prévue à l'article 18.

Article 16

1. Des experts vétérinaires de la Commission peuvent, dans la mesure où cela est nécessaire à l'application uniforme de la présente directive, effectuer, en collaboration avec les autorités compétentes des États membres et des pays tiers, des contrôles sur place.

Le pays de collecte sur le territoire duquel est effectué un contrôle apporte toute l'aide nécessaire aux experts pour l'accomplissement de leur mission. La Commission informe l'État membre ou le pays de collecte concerné du résultat des contrôles effectués.

Le pays de collecte concerné prend les mesures qui pourraient se révéler nécessaires pour tenir compte des résultats de ce contrôle. Si le pays de collecte ne prend pas lesdites mesures, la Commission, après examen de la situation au sein du comité vétérinaire permanent, peut recourir aux dispositions prévues à l'article 5 et à l'article 6, paragraphe 2, troisième alinéa.

2. Les dispositions générales d'application du présent article, notamment en ce qui concerne la fréquence et les modalités d'exécution des contrôles visés au paragraphe 1, premier alinéa, sont fixées selon la procédure prévue à l'article 19.

CHAPITRE V
Dispositions finales

Article 17

Les annexes de la présente directive sont modifiées selon la procédure prévue à l'article 18 en vue de leur adaptation à l'évolution technologique.

Article 18

1. Dans les cas où il est fait référence à la procédure définie au présent article, le comité vétérinaire permanent institué par la décision 68/361/CEE, ci-après dénommé « comité », est saisi sans délai par son président, soit à l'initiative de celui-ci, soit à la demande d'un État membre.

2. Au sein du comité, les voix des États membres sont affectées de la pondération prévue à l'article 148, paragraphe 2, du traité. Le président ne prend pas part au vote.

3. Le représentant de la Commission soumet un projet des mesures à prendre. Le comité émet son avis sur les propositions dans un délai que le président peut fixer en fonction de l'urgence des questions soumises à examen. Il se prononce à la majorité des cinquante-quatre voix.

4. La Commission arrête les mesures et les met immédiatement en application, lorsqu'elles sont conformes à l'avis du comité. Si elles ne sont pas conformes à l'avis du comité, ou en l'absence d'avis, la Commission soumet aussitôt au Conseil une proposition de mesures à prendre. Le Conseil arrête les mesures à la majorité qualifiée.

Si, à l'expiration d'un délai de trois mois à compter de la date à laquelle il a été saisi, le Conseil n'a pas arrêté de mesures, la Commission arrête les mesures proposées et les met immédiatement en application, sauf dans le cas où le Conseil s'est prononcé à la majorité simple contre lesdites mesures.

Article 19

1. Dans le cas où il est fait référence à la procédure définie au présent article, le comité est saisi sans délai par son président, soit à l'initiative de celui-ci, soit à la demande d'un État membre.

2. Au sein du comité, les voix des États membres sont

affectées de la pondération prévue à l'article 148, paragraphe 2, du traité. Le président ne prend pas part au vote.

3. Le représentant de la Commission soumet un projet de mesures à prendre. Le comité émet son avis sur ces mesures dans un délai de deux jours. Il se prononce à la majorité de cinquante-quatre voix.

4. La Commission arrête les mesures et les met immédiatement en application, lorsqu'elles sont conformes à l'avis du comité. Si elles ne sont pas conformes à l'avis du comité, ou en l'absence d'avis, la Commission soumet aussitôt au Conseil une proposition de mesures à prendre. Le Conseil arrête les mesures à la majorité qualifiée.

Si, à l'expiration d'un délai de quinze jours à compter de la date à laquelle il a été saisi, le Conseil n'a pas arrêté de mesures, la Commission arrête les mesures proposées et les met immédiatement en application, sauf dans le cas où le Conseil s'est prononcé à la majorité simple contre lesdites mesures.

Article 20

1. La présente directive n'est pas applicable au sperme collecté et traité dans un État membre avant le 31 décembre 1991.

2. Jusqu'à la date d'entrée en vigueur des décisions arrêtées en application des articles 8, 9 et 10, les États membres n'appliquent pas aux importations de sperme en provenance des pays tiers des conditions plus favorables que celles qui résultent du chapitre II.

Article 21

Les États membres mettent en vigueur les dispositions législatives, réglementaires et administratives nécessaires pour se conformer à la présente directive au plus tard le

31 décembre 1991. Ils en informent immédiatement la Commission.

Article 22

Les États membres sont destinataires de la présente directive.

Table

DU MÊME AUTEUR

ESSAIS

Les bandes d'adolescents, Fayard, 1962
(en collaboration avec Marc Oraison)

Annonce de Jésus-Christ, Le Seuil, 1964
(Livre de vie, 1964)

Le prêtre dans la mission, Le Seuil, 1965
(en collaboration avec Dominique Barbé)

La foi d'un païen, Le Seuil, 1967,
(Prix Noël, 1967 ; Livre de vie, 1968)

La reconnaissance, Le Seuil, 1968

Où est le mal ?, Le Seuil, 1969

Qui est Dieu ?, Le Seuil, 1971

Questions à mon Église, Stock, 1972

La prière et la drogue, Stock, 1974

Du bon usage de la religion, Stock, 1976

Pour une politique du livre, Dalloz, 1982
(en collaboration avec Bernard Pingaud)

Que vive la France, Albin Michel, 1985

La foi qui reste, Le Seuil, 1987

Du bon gouvernement, Odile Jacob, 1988

De l'islam et du monde moderne, Le Pré-aux-Clercs, 1991
(Prix Aujourd'hui, 1991)

De l'immigration et de la nation française, Le Pré-aux-Clercs, 1992

Biographie de Jésus, Plon, 1993 (Pocket, 1994)

Quelle morale pour aujourd'hui ?, Plon, 1994

Les vies d'un païen, Autobiographie, Plon, 1996

La France va-t-elle disparaître ?, Grasset, 1997

L'illusion de l'an 2000, Grasset, 1998

LE COUP D'ÉTAT INVISIBLE

ROMANS

Les mémoires de Jésus, Jean-Claude Lattès, 1978
La traversée de l'Islande, Stock, 1979
  (Antenne 2, 1983, téléfilm)
Le vent du désert, Belfond, 1981
Les innocents de Pigalle, Jean-Claude Lattès, 1982
Oublier Jérusalem, Actes Sud, 1989 (J'ai Lu, 1991)

*La composition de cet ouvrage
a été réalisée par I.G.S. Charente Photogravure,
à l'Isle-d'Espagnac,
l'impression et le brochage ont été effectués
sur presse Cameron dans les ateliers
de **Bussière Camedan Imprimeries**
à Saint-Amand-Montrond (Cher),
pour le compte des Éditions Albin Michel.*

Achevé d'imprimer en décembre 1998.
N° d'édition : 17834. N° d'impression : 985800/4.
Dépôt légal : janvier 1999.